U0932074

香港神學院

當代教會課題研討

當公共靈修遇上離地信仰

鄧瑞強、趙崇明 合編

▼

香港神學院・當代教會課題研討

當公共靈修遇上離地信仰

Public Spirituality Against Private Faith

合編
鄧瑞強、趙崇明

執行編輯
余雪

裝幀設計
奇文雲海・設計顧問

■

聯合出版

香港神學院
香港九龍塘
金巴倫道 17 號
BIBLE SEMINARY OF HONG KONG
17 Cumberland Road,
Kowloon Tong, Hong Kong
電話：(852) 2336-0088 傳真：(852) 2338-9908
網址：http://www.bshk.edu.hk

基道出版社
香港沙田火炭坳背灣街 26 號
富騰工業中心 1011 室
LOGOS PUBLISHERS
Unit 1011, Fo Tan Ind. Centre, 26 Au Pui Wan St.,
Shatin, Hong Kong
電話：(852) 2687-0331 傳真：(852) 2687-0281
網址：http://www.logos.com.hk

發行
基道出版社

承印
海洋印務有限公司

●

4/2015 初版
Cat. No. LP938
ISBN: 978-962-457-499-9

Printed in Hong Kong

刷次	10	9	8	7	6	5	4	3	2	1
年份	2024	2023	2022	2021	2020	2019	2018	2017	2016	2015

編者序

鄧瑞強

靈修是甚麼？

縱或「靈修」的定義很多，但其核心不外乎深化信徒的靈性（spirituality）。

靈性是甚麼？

縱或「靈性」的定義很多，我想，最簡明的定義，莫如說靈性就是指一個信徒在聖靈中生活。

一個信徒若甘願被聖靈引導，因而明白關於基督的整全意義；他且甘願降服聖靈的感召，背起十架跟從主；他又被聖靈賦予能力，活出基督的生命；則這個信徒，是一個在聖靈中生活的人。

在聖靈中生活的人，毫不簡單。他的思想，被聖靈指導；他的人生抉擇，被聖靈駕馭；他的整個存在，猶如聖靈在其肉身中展現。

在聖靈中生活的典範，莫如耶穌。路加是這樣引介耶穌一生的事奉的：「主的靈在我身上，因為他用膏膏我，叫我傳福音給貧窮的人；差遣我報告：被擄的得釋放，瞎眼的得看見，叫那受壓制的得自由，報告上帝悅納人的禧年」(路四 18～19)。耶穌的一生，就是在聖靈裏生活的一生。

我們可以採用一種「聖靈論的基督論」(pneumatological Christology)去理解基督。基督是誰？基督就是全然被聖靈駕馭的那一位。基督被聖靈駕馭到一個地步，祂倒空了自己，只活出聖靈的心意。聖靈的心意是甚麼？我們又可以採用一種「基督論的聖靈論」(Christological pneumatology)去理解聖靈的心意。聖靈的心意不是別的，就是活現在基督身上的生命樣式。基督所說的、所做的，正是聖靈要說的、要做的。聖靈無體，以基督為體；基督無力，以聖靈為力。基督的內在生命，就是聖靈；聖靈的外在內容，就是基督。沒有聖靈，則沒有基督(試想：沒有聖靈的感孕，耶穌便不能降生世上；按羅馬書八章 11 節的講法，耶穌的復活，也是由於聖靈的大能)；但沒有基督，則聖靈的能力也無法全然顯露出來。歸根究底，聖靈就是上帝的靈；聖靈的意向，就是天父的心意。基督全然被聖靈駕馭，祂的生命就活現了天父的心意；天父的心意，就是聖靈之能力所要展現的；聖靈之能力，透過基督的生命全然展現出來。靈修，就是展現生命的靈性；生命的靈性的展現，就是被聖靈駕馭；被聖靈駕馭的典範，就是基督；活像基督，就是讓天父的旨意行在人間。

正如基督的生命面向公眾，在大地上留下歷史的痕迹，對政治、經濟、文化等產生方方面面的影響；同樣，一個追求「靈性」的信徒，一個甘願活在聖靈中的人，一個竭力活出基督生命的人，也應面向公眾，在塵世的不同領域，產生具體的影響，讓聖靈之大能在大地上自由吹拂。畢竟，聖靈之力，不是隱藏之力，而是公開之力。聖靈之風吹過之處，人人皆能感知。

本書討論的，正是「靈修」。所有文章或多或少都指出，「靈修」有「內在」的敬虔，但更必須有「外在」的、來自聖靈的影響力。聖靈駕馭信徒，是要透過其具體生命彰顯上帝的大能（希臘文是 *dunamis*）。上帝的大能充滿「爆炸力」、外顯、具有實在的影響力。一個具靈性的人，也會有這種「爆炸力」。

梁俊豪的文章，指出在保羅的神學裏，聖靈就是靈性生命的主導者。張祥志的文章，指出靈性生命的整全性：靈性生命必須裏外一致，「心靈」與「塵世」並重。張天和的文章，點出五旬宗的靈修經驗，正是一種最原初的靈修經驗（primal spirituality）；這種靈性生命內裏與聖靈連接，外在爆發出聖靈的大能。蘇遠泰的文章，討論莊士敦（William Johnston）神父的靈修見解，他吸收了佛教靈修的智慧，強調一種無私心、無分辨心的大愛。趙崇明的文章，點出靈性生命「亦此亦彼」的「弔詭性」：一個靈修者，上山是為了下山，獨處是為了團體，靜默是為了發言，隱藏是為了公共，尊重差異是為了和諧共處。

以上文章，都強調靈性生命的公共性。聖靈的大能透過靈修者的生命彰顯出來，是不能隱藏的，總會有這靈性生命的公共性。靈性生命的公共性，不離靈修者身處的公共處境。無論是聖經時代抑或我們今日，信徒的公共處境都與「城市」有關。本書的部分文章，突顯靈性生命與城市生命的關聯。

蔡式平的文章，講到先知那鴻在尼尼微城的景觀中，汲取神學信息。褚永華的文章，講到「馬太羣體」面對當時猶太會堂的排斥，要在主耶穌的教訓中尋找安身立命的根據；馬太福音所強調的、超過文士和法利賽人的「更高的義」，正正支撐著信徒克服公共生活中的艱難。張慧玲的文章，論到我們正迎接一老年化的社會；信徒的靈性應在教會生活中活現出來，而長者在這「靈性充沛」的教會生活裏，應活得美滿而豐盛。鄧瑞強的文章，以啟示錄的「視界」，比較「地上的城市」和「天上的城市」的差異，從而讓靈修者看到地上城市生活的墮落，領悟到天上城市生活的美善。

我們希望讀者讀完這本書後，能明白聖靈在其生命裏要爆發出來的德能。

讓我們重溫這經文：

> 主的靈在我身上，因為他用膏膏我，叫我傳福音給貧窮的人；差遣我報告：被擄的得釋放，瞎眼的得看見，叫那受壓制的得自由，報告上帝悅納人的禧年。（路四 18 ~ 19）

二〇一五年春，於香港神學院

目錄

靈修・城市與空間

1

啟示錄對城市人的靈修提示

鄧瑞強

本文旨在討論啟示錄對活在城市裏的信徒，有甚麼靈修提示。

靈修是甚麼？不同學者，各有說法。若用啟示錄的意象來講，便是「在靈裏」（啟一10，四2，十七3，二十一10；《和合本》譯作：「被聖靈感動」），看見宇宙人生的真相（如四2：「我立刻在靈裏〔被聖靈感動〕，見有一個寶座安置在天上，又有一位坐在寶座上。」），意識到自己正在參與一場善惡之戰（參十二章、十三章、十七章），明白到要以「羔羊的血和自己所見證的道」去得勝（十二11），並盼望上帝國度的終極來臨（參二十一章及二十二章）。

「在靈裏」是靈修者的存在模式，他被聖靈充滿、引導、駕馭。[1]「在靈裏」的人，生命的眼界（vision）被打開了，他看到事物的底蘊，看到世界的真相。他看到的，是這個世界背後的靈性基礎及意義。這是靈修者對宇宙人生的深層次認識。這深層次的認識，讓靈修者意識到歷史的進程，不只是自然的流水落花，更是一場漫長的「善惡之戰」。靈修者意識到自己是一個參戰的人，這是靈修者對自己身分的認定。這場戰爭，更徹底而言，是一場真神與偶像、真理與謊言、正義與不義之戰。要戰勝這場戰爭，必須堅持真神、真理、正義。用暴力摧毀敵人，效果可能是即時可見的，但卻不是上帝在基督裏啟示的得勝方式。要以真神、真理、正義克勝對方，可能需要漫長的歲月，故需要「忍耐」(啟十三 10，十四 12)。啟示錄強調信徒要「忍耐」，這是身為靈修者的堅持。支撐靈修者堅持下去的，是靈修者因基督的救贖作為而生的盼望。靈修者明白，在基督死而復活的事件裏，善惡之戰的大局已定，小戰役卻仍持續(the war is over, but the battles rage on)，這是救贖的「既濟與未濟」。因著基督的復活，歷史的終點遙遙在望。

以上講的，便是啟示錄對信徒的靈修提示。若用另一種方式講，啟示錄講的「靈修」便是：信徒在「聖靈」裏進行「存在論」上的轉化(ontological change)，這轉化伴隨著「認識論」上的視域改變。就「形而上」的深度而言，他「看見」這個「神學世界」的真相：「天父」是這「神學世界」的根基。「形而上」的真相不是靜態的，而是動態的，要透過「歷史」(時間性)來展現。「歷史」的真實性需要真實的人性參與去呈現，這是信徒的「信仰踐行」或「倫理踐行」。真實的人性，是「基督」化了的信徒生命，他們的參與，讓「歷史」開展出「基督」在復活中提前展示的歷史真相。基督在復活中提前展示過的歷史真相，便是「上帝國度在人間臨現」，便是「上帝的主權」的彰顯，便是「三一真神」的出場。這一切，在歷史的終點，會「終末」地呈現。

簡言之，啟示錄講的「靈修」，不是信徒「內在的」、「感受的」、「私隱的」體會，不是信徒「個人的」氣質的追求，也不是「個人的」意義的實現，而是在「聖靈」裏，在「天父」的主權下，靠賴「基督」，去完成歷史的任務。

啟示錄的內容，以城市生活為背景，最明顯的，莫如第二及第三章，論及亞細亞七個城市的教會光景及危機。這些城市，又以「羅馬」這個大城市作為其背景。論到這大城市的生活，啟示錄說：「地上的君王與她行淫；地上的客商因她奢華太過就發了財」(啟十八3)。[2] 這城市的生活窮奢極侈，糜爛至極。如何在這罪惡城市中活出上帝子民的生命，成為啟示錄的靈修提示的核心。啟示錄的結尾，是「聖城新耶路撒冷由上帝那裏從天而降」(二十一2)，這可以被視為一種新的城市的建立。歷史的終點，就是在上帝的恩典裏，上帝的子民能過一種全新的城市生活。

本文欲藉幾個意象，探討啟示錄對城市信徒的靈修提示。

一「寶座」

「寶座」是啟示錄常用的一個意象，代表「主權」、「王權」，這是「權力」的象徵。每座城市、每種城市生活，都各有其「寶座」。當時，帝王崇拜流行，人要敬拜地上的君王，「寶座」的意象是他們生活的一部分。啟示錄最重要的神學主題，卻是討論「誰真的高高地坐在寶座上」。誰配得敬拜，是人生的重大問題；敬拜誰，是人生的大事。因為我們敬拜誰，我們最終便會變成其模樣。

啟示錄有三十四次提到天上的寶座，[3] 有三次提到撒但、龍或獸的「寶座」。[4] 從啟示錄的靈修視界來看，上帝的寶座高高地在天上，上帝的主權是永恆的、是真實的；但在地上，卻有撒但及其爪牙的寶座，引誘人離開真正的神。人心歸向誰，是靈修生命的終極問題。

啟示錄四章是全書最重要的視象，這視象引領我們看到超越現世的「天上」景象。在天上，上帝在寶座上，坐著為王。在寶座周圍，有代表上帝子民的二十四位長老讚美上帝說：「我們的主，我們的上帝，你是配得榮耀、尊貴、權柄的；因為你創造了萬物，並且萬物是因你的旨意被創造而有的。」（啟四 11）這道出了信徒當敬拜上帝，也當將生命存在的基礎置放在上帝手中。[5]

但在地上，撒但卻置放了牠的「寶座」，引誘或迫使人敬拜牠。啟示錄第一次提及「撒但的寶座」之處，是在給別迦摩教會的信息中。那裏說：「我知道你的居所，就是有撒但座位〔即：寶座〕之處；當我忠心的見證人安提帕在你們中間、撒但所住的地方被殺之時，你還堅守我的名，沒有棄絕我的道」（啟二 13）。在別迦摩城的這個「撒但寶座」指甚麼，不同人提出不同看法：這可能指別迦摩城裏敬拜宙斯及雅典娜的祭壇，或可能指當地的醫神神殿，或可能簡單地指別迦摩為羅馬在亞細亞的統治中心，或可能指當地的帝王崇拜神殿。[6] 又或者，在別迦摩的「撒但寶座」，就是指對忠於上帝的見證人的敵意和殺害；安提帕在別迦摩的殉道，便是典型例子。[7] 撒但在地上的寶座，敵對那些降服於天上的寶座的人。

這對我們的城市生活，有何靈修提示？

首先，啟示錄讓我們看到，上帝仍高高地坐在寶座上，祂仍坐著為王，祂是惟一的主，我們的生命存在只在乎祂。

第二，啟示錄讓我們意識到撒但有牠的寶座在地上。不同時代，這寶座有不同形態。在我們這個金錢世界，金錢已作了王，它已坐在寶座上。在我們的城市，見不到敬拜凱撒的神殿，但有很多高舉金錢力量的金融中心。主耶穌曾說：「一個人不能事奉兩個主；不是惡這個、愛那個，就是重這個、輕那個。你們不能又事奉上帝，又事奉瑪門（瑪門：財利的意思）」（太六24）。在金錢世界，要做一個靈修者，就要小心瑪門那種敵對真神的力量。多少信徒，為了金錢，離開了正途。

二「冠冕」

啟示錄提到兩種「冠冕」，第一種「冠冕」的原文是"*stephanos*"，[8] 第二種「冠冕」的原文是"*diadēma*"。[9] 主耶穌受難時，頭戴荊棘的冠冕，這「冠冕」的用字是"*stephanos*"。保羅在哥林多前書九章25節講到，贏了比賽時可得「能壞的冠冕」，這「冠冕」的用字也是"*stephanos*"。"*Stephanos*"在很多經文裏，都指向得勝者領取的獎品（如：提後四8；雅一12；彼前五4；啟二10，三11），就像今天選美活動勝利者頭上戴的后冠。至於"*diadēma*"，指的是強權者顯示權力的冠冕。羅馬帝國的城市生活裏，有很多競技、運動，甚至戰爭，勝利者都能得到"*stephanos*"。而在這帝國裏，凱撒的像隨處可見，日用的錢幣上有凱撒的頭像，頭像上戴的，便是啟示錄講的"*diadēma*"。兩種「冠冕」，都是羅馬城市生活的一部分。

啟示錄的重點是"*stephanos*"，「你務要至死忠心，我就賜給你那生命的冠冕」（啟二10）。這「生命的冠冕」，是至死忠心的信徒的禮物。世間有各種競技和比賽，勝利者都只是得到「能壞的冠冕」，這些「冠冕」轉眼便朽壞，沒有永恆的價值。啟示錄講的「生命的冠冕」，卻能存到永遠。

這種「生命的冠冕」，指向主耶穌受難時的「荊棘的冠冕」。能戴「生命的冠冕」的人，就是那些戴著「荊棘的冠冕」生活的人。這些人以寬恕與苦行，抵擋仇恨與暴力。他們以溫柔的「荊棘的冠冕（*stephanos*）」，對抗「強權的冠冕（*diadēma*）」。

「荊棘的冠冕」與「強權的冠冕」是兩種冠冕。在世人看來，「荊棘的冠冕」是一種羞辱，「強權的冠冕」是一種榮耀。從啟示錄的眼光來看，卻是透過「荊棘的冠冕」換取「生命的冠冕」。何謂成功，何謂失敗，啟示錄自有其觀點，它教我們追求生命的真正獎品。

這對我們的城市生活，有何靈修提示？

我們活在一個高度競爭的社會，每日都進行不同的競賽，都力求「贏在起跑線」。我們都爭取不同的獎品、不同的冠冕。我們希望業績比別人好、職位比別人高、賺的錢比別人多。問題只是，在這競爭的過程中，我們在為自己編織「強權的冠冕」，抑或為自己編織「生命的冠冕」？我們舉起了十架，抑或舉起了刀劍？我們扶起了人，抑或推倒了人？我們活出了基督，抑或活出了「敵基督」？我們是否明白，甚麼是「成功」，甚麼是「失敗」？到頭來，我們的「奮力競爭」，是得到「生命的冠冕」，抑或失去「生命的冠冕」？

三「印」

我們的身分是甚麼？我們屬於誰？這是城市生活的一大問題。在羅馬時代，奴隸的身上有主人的「印記」，這是他的「身分記號」，標示他屬於誰。啟示錄把握著「印記」這意象，來討論我們人性的深層次歸屬。從啟示錄的靈修視界來看，人總是有所屬的，不是屬於上帝，就是屬於撒但。

從啟示錄的眼光看，世人都打上了撒但的「印記」（*charagma*, mark）。[10]「牠（為撒但效力的地獸）又叫眾人，無論大小、貧富、自主的、為奴的，都在右手上或是在額上受一個印記。除了那受印記、有了獸名或有獸名數目的，都不得做買賣」（啟十三 16～17）。這是強將身分與生活掛鉤，你要有某種身分，才能有某種生活。在極權世界，身分與生活掛鉤是常見的。你要有黨員的身分，才能有某種生活的特權。在一個官商勾結的不公社會裏，你要有一種支持政權的身分，才能做某種生意。從啟示錄的靈修視界來看，一個人若要得到世界的種種好處，他必須從屬於世界，順從世俗的法則，歸屬大地的惡魔。

信徒拒絕這個「獸的印記」，拒絕這種效忠與歸屬，因為他們屬於上帝。他們身上沒有「獸的印記」，卻有「上帝的印」（*sphragis*, seal）。[11] 經文說：「……等我們印了我們上帝眾僕人的額。我聽見以色列人各支派中受印的數目有十四萬四千」（啟七 3～4）。到了啟示錄二十二章 4 節卻說：「他（上帝）的名字必寫在他們的額上。」這個「印」最終而言，便是上帝的名字。

世人受「獸的印記」與信徒受「上帝的印」，縱使都表明生命之所屬——世人是獸的奴僕，信徒是上帝的奴僕——但兩者的奴僕意義卻不同。獸的奴僕終歸只是奴僕，但上帝的奴僕卻同時是祂的兒女，得以承受上帝的產業。以弗所書說：「你們既聽見真理的道，就是那叫你們得救的福音，也信了基督，既然信他，就受了所應許的聖靈為印記（動詞為"*sphragizō*"）。這聖靈是我們得基業的憑據（原文是質）……」（弗一 13～14）。按以弗所書所說，信徒受的「印」，是「聖靈」。「聖靈」是上帝賜給信徒的豐盛生命的「訂金」。如此說來，受了上帝的「印」，即歸屬於上帝，這「印」確立了信徒的身分，這身分就是上帝兒女的身分，這身分確保信徒能承受上帝的產業。「上帝的印」確保信徒有領受產業的身分，這與「獸的印記」標記著人在獸的手中完全失去自由，完全是兩回事。

這對我們的城市生活，有何靈修提示？

在急速變化的城市裏，我們很容易迷失自己的身分。許多人問：我們是誰？我們的歸宿在哪裏？若某種身分更容易獲得某種利益時，一般人便會追求該身分，甘心在生命裏，烙下該身分的烙印。從啟示錄的眼光看，這些「印」意味著一個人的終極所依。究竟一個人終歸是屬於上帝，抑或屬於獸，這是身分的終極抉擇。啟示錄只是提示我們，身分的抉擇，涉及生命的終極福樂。一個抉擇，可以將你囚禁起來，令你營役於世上的利益。另一個抉擇，可以將你連於永恆的上帝，使你領受生命的豐盛。你的生命，將會蓋上一個甚麼「印」?

四「海」

由於啟示錄有一個「終末性的出埃及」主題，[12] 而「出埃及」事件與「過紅海」息息相關。「海」的意象，在啟示錄的視象中扮演著特定角色。

「龍」在地上出場時，是「站在海邊的沙上」(啟十二17)，牠有七頭十角。「龍」就是「撒但」(9節)，是邪惡的根源。然後，有「一個獸從海中上來，有十角七頭」(十三1)，牠與龍連成一體，是龍的爪牙。這兩者都有「十角」，代表「十足的武力」，同時都與「海」有密切關係。

在啟示錄關涉的地理世界裏，最重要的「海」便是地中海。

地中海連繫著歐洲、亞洲和非洲，是當時世界的中心。「從戰略的角度來看，在西方世界，凡控制地中海的，就掌控貿易和文明。」[13] 當時，羅馬人承繼了希臘人的造船技術，能造出最好的船。「當時的造船工業就等同於現代的核子武器競賽。擁有許多可以使用的船隻，證明非凡的軍事能力。」[14]「凡擁有最佳船隻的，就是贏家。」[15] 羅馬以優良的海事力量，雄霸地中海。「羅馬人驕傲地認為地中海是『我們的海』(拉丁文"*Mare Nostrum*")。」[16]「地中海的統一使財富的集中和理念的傳播，達到整個世界空前未有的層面和形式。」[17] 羅馬在地中海表現出來的武力，就像隻有「十足的武力」的「海獸」，她靠賴「海」的霸權，掠奪地中海周邊地區的財富。因著海運的方便，物資由各地不斷輸往羅馬。無怪乎當啟示錄的「巴比倫大城」(對筆者而言，這代表羅馬，參啟十八章)陷落時，旁觀者為其海事力量及由此力量而得來的財富的失去而哀悼。啟示錄中記載：「凡船主和坐船往各處去的，並眾水手，連所有靠海為業的，都遠遠地站著，看見燒她的煙，就喊著說：『有何城能比這大城呢？』他們又把塵土撒在頭上，哭泣悲哀，喊著說：哀哉！哀哉！這大城啊。凡有船在海中的，都因她的珍寶成了富足！她在一時之間就成了荒場！」(十八 17～19)。

「海」在啟示錄裏，代表著推動城市經濟的動力模式，這模式是靠暴力掠奪弱者，使自己能過奢華生活。這種城市經濟的運作模式，上帝當然不喜悅。故在新天新地裏，「海也不再有了」(啟二十一 1)，[18] 這是對羅馬的掠奪性經濟模式的反抗。

在啟示錄裏，有另一種「海」。「我……看見那些勝了獸和獸的像並牠名字數目的人，都站在玻璃海上，拿著上帝的琴，唱上帝僕人摩西的歌和羔羊的歌……」(啟十五 2～3)。玻璃海沒有波浪，是透明的，裏面不會藏著暴力的怪獸。信徒站在玻璃海上，唱摩西的歌和羔羊的歌，是回應著舊約的「出埃及」事件。當時，上帝的子民過了紅海後，在紅海邊唱救恩之歌。如今，上帝的子民也要不被動盪的、暴力的「海」所困，敢於走出那「海」，站在玻璃海上，唱救恩之歌。

這對我們的城市生活，有何靈修提示？

啟示錄鼓勵我們看清楚整個城市的經濟生活的本相，這經濟體系會孕育吃人的怪獸嗎？我們的社會，講求經濟持續發展，卻很少檢視「發展」的模式。我們的經濟發展模式，會摧毀本土經濟嗎？會加劇貧富懸殊嗎？會犧牲低下階層的福祉嗎？有結構性的不公嗎？

從一個較為個人的層面來說，啟示錄追問我們，我們在謀生時，會否殘人自肥？會否成為一隻暴力的「海獸」？

五「軍隊」

如上所言，一個城市有其「寶座」，這代表這城市的「權力中心」、這城市的「主」。這城市的人會追求這城市嘉許的「冠冕」，這是這城市認定的「成功象徵」。若這城市的人，有意無意地效忠於這城市的「寶座」，追求其「冠冕」，便是在靈魂裏烙下了這城市的「印記」（*charagma*）。一個城市又有其經濟形式，「海」代表當時羅馬那強權的、擄掠的經濟形式。今天，我們的城市有我們的「海」，很多人「下海」營商。守護以上這一切的，是城市的「軍隊」。「軍隊」代表有形的制度和力量，迫使人降服於城市的「寶座」下，驅趕人活出這城市的既定生活模式。基督徒反對這「寶座」，放棄這「冠冕」，拒絕這「印記」，不「下這個海」。從靈修的意義來説，基督徒成了這城市的「異鄉人」;[19] 從對抗城市「軍隊」的意義來説，基督徒成了靈性意義上的另類軍隊。

啟示錄有很多「軍隊」及「戰爭」的意象。[20] 在「七號」的審判中，「號」本身已是一種戰爭的意象。在第六號的審判裏，提到「馬軍有二萬萬」(啟九 16)。在論及一場「終極」大戰時，講到撒但「出來要迷惑地上四方(原文是角)的列國，就是歌革和瑪各，叫他們聚集爭戰。他們的人數多如海沙」(二十 8)。這數目龐大的軍隊，就是撒但在地上的「打手」，是牠的建制武力，為的是叫城市人活在牠設定的生活模式裏。

與撒但的「軍隊」對陣的，是上帝的「軍隊」。上帝的「軍隊」，就是拒絕「獸的印記」而領受「上帝的印」的信徒。經文説:「我聽見以色列人各支派中受印的數目有十四萬四千」(啟七 4)。又説:「我又觀看，見羔羊站在錫安山，同他又有十四萬四千人，都有他的名和他父的名寫在額上」(十四 1)。在民數記，數點上帝子民數目的目的，就是準備出去打仗(參民一 20～46)。這「十四萬四千」之數，就是舊約及新約的上帝子民(即“12×12”再加上代表完美的“000”)的總和。

信徒在「城市」中生活，在啟示錄看來，從靈修意義上來説，實際上是參與一場「屬靈大戰」。這地上的「屬靈大戰」，反映著「天上的」「屬靈大戰」。從「真實」的角度來看，從「在靈裏」的「視域」來看，「在天上就有了爭戰。米迦勒同他的使者與龍爭戰，龍也同牠的使者去爭戰」(啟十二 7)。啟示錄又説:「我看見那獸和地上的君王，並他們的眾軍都聚集，要與騎白馬的並他的軍兵爭戰」(十九 19，也參十二 17)。信徒在世間面對的「屬靈大戰」，是宇宙間善惡的「屬靈大戰」的縮影。基督與撒但，兩軍對壘，誓不兩立。而我們這羣信徒，被邀參與在這場「屬靈大戰」中。

這對我們的城市生活，有何靈修提示？

啟示錄提醒我們，我們是「基督耶穌的精兵」（提後二 3）。城市生活充滿各種誘惑，為了舒適，為了飽享城市經濟生活的好處，為了得到城市高舉的「冠冕」，我們會被誘惑離開上帝，接受「獸的印記」，成為撒但的奴隸。

生活的過程，就是真神與撒但的戰場。我們站在這戰場中，扮演甚麼角色？我們站在哪一邊？啟示錄提醒我們，要作基督的精兵，好好打這場仗。作為「精兵」，必須勇武，故在啟示錄的「罪惡清單」中，「膽怯」是排在首位的罪（參啟二十一 8）。啟示錄的提醒，就像以弗所書的叮嚀：「你們要靠著主，倚賴他的大能大力作剛強的人。要穿戴上帝所賜的全副軍裝，就能抵擋魔鬼的詭計。因我們並不是與屬血氣的爭戰，乃是與那些執政的、掌權的、管轄這幽暗世界的，以及天空屬靈氣的惡魔爭戰。所以，要拿起上帝所賜的全副軍裝，好在磨難的日子抵擋仇敵，並且成就了一切，還能站立得住」（弗六 10～13）。

六「謊言」與「真理」

要在城市生活裏，打贏這場「屬靈大戰」，必須知己知彼。信徒的對手，是撒但及其地上的代表。我們必須認清撒但的本性，才有機會避開牠的攻擊。撒但的本性是甚麼？撒但的本性是以「謊言」「迷惑」人。「大龍就是那古蛇，名叫魔鬼，又叫撒但，是迷惑普天下的」（啟十二 9）。作為牠的爪牙之一的「地獸」，其作用是「迷惑住在地上的人」（十三 14），叫人崇拜偶像。體現著撒但魔力的城市「巴比倫」(意指羅馬)，其生活的本質也是「迷惑」，「萬國也被你〔即巴比倫〕的邪術迷惑了」(十八 23)。城市的五光十色、榮華富貴，的確能迷惑很多人。

在這個充滿「迷惑」的世界，戰勝撒但的兵器，是堅持真理，以「真理之劍」揭穿撒但的謊話，刺中撒但的死穴。在啟示錄裏，基督是以「口中的劍」(啟二 16，十九 15)去殺敵的。「劍」在聖經裏，常象徵「真理」的力量。如以弗所書所講：「聖靈的寶劍，就是上帝的道」(弗六 17)。又如希伯來書所言：「上帝的道是活潑的，是有功效的，比一切兩刃的劍更快，甚至魂與靈，骨節與骨髓，都能刺入、剖開，連心中的思念和主意都能辨明」(來四 12)。按學者包衡(Richard Bauckham)的講法，啟示錄包含一個神學主題，就是見證耶穌所見證的真理。我們能勝過撒但的謊話，惟一的方法，是堅持耶穌所見證的真理。[21] 熟悉上帝的話語，明白上帝的真理，是在城市生活中不被迷惑的不二法門。

在啟示錄的結尾部分，約翰講到「我觀看，見天開了。有一匹白馬，騎在馬上的稱為誠信真實，他審判，爭戰，都按著公義」(啟十九 11)。通常，「誠信真實」是形容詞，但在這裏，「誠信真實」是名詞。這裏強調最後得勝的，是「誠信真實」本身。在真理和虛假的較量中，終極而言，真理是會被顯為真的。

信徒作為「基督的精兵」，無可避免地參與真理與虛謊之戰。得勝的祕訣，是堅持真理，「在他們口中察不出謊言來」(啟十四 5)。「弟兄勝過牠，是因羔羊的血和自己所見證的道」(十二 11)，這即是說，「基督徒藉著誠實地見證神的真實，甚至不惜以死來堅持下去，勝過那獸；藉著這個方式，他們以至於死的誠實見證就分享了基督藉以至於死的誠實見證所贏得的勝利力量」。[22]

真理是會發聲的，真理是會顯明自己是真的，真理自會展示其得勝的力量。包衡說：

> 牠〔獸〕能殺死他們，卻不能壓制他們為真理作證，他們的死並沒有駁倒他們的證據，因為即使他們死亡，真理叫人信服的力量依然強過僅以物質能力壓制的力量。是以，在邪惡力量和羔羊軍隊之間，也許最重要的對比乃是謊言和真理的對比。[23]

這對我們的城市生活，有何靈修提示？

城市生活，很多時只問成敗，不問誠信。有人謊話連篇而登上了政治的寶座；有人謊話連篇而佔盡了經濟的優勢。謊話迷惑著城市人，叫城市人追逐虛假而易逝的「冠冕」。

基督徒應「在靈裏」，看見宇宙人生的真相，看到誰是真神，看到基督不惜至死見證真理以戰勝虛假，看到自己作為真理戰士的身分，也看到自己此刻為真理發聲的責任。在充滿謊話的世界裏，很多人會「裝睡」，基督徒卻是不能「裝睡」，[24] 而要大聲呼喊的人。啟示錄提醒我們，「講真話」在「屬靈大戰」裏的重大意義。

七「從天而降的聖城」

啟示錄批判城市生活的墮落，也提供城市生活的理想圖畫。「我又看見聖城新耶路撒冷由上帝那裏從天而降」(啟二十一 2 上)，這從天而來的聖城，展示了真正的城市生活的神聖面貌。

1.「人」才是城市之本

這座從天而來的聖城，其「門上又寫著以色列十二個支派的名字」(啟二十一12下)，其「根基上有羔羊十二使徒的名字」(14節下)。「天使用那蘆葦量度那城，共有一萬二千斯塔德(stadia)」(16節，《新漢語譯本》)。而城牆的厚度，「共有一百四十四肘」(17節下)。單看這城的相關數字，便知這是上帝的子民的數字。城牆的根基，是以十二種寶石修飾的(參19～20節)，這與舊約大祭司胸牌上的寶石有關(參出二十八17～20)。以上觀念，說明真正的聖城，就是上帝的子民本身。[25] 這些子民的生活，活現出祭司的國度，將天國展現人間。

人在城市生活中，容易遺忘人性。人變成城市機器的一部分，忘記了人才是真正的主角。很多城市都追求經濟上無止境的「發展」，卻在發展過程中，淘汰了某些人，漠視了某些人追求的幸福，也將大部分人約化為「發展工程」的「人力資源」。人性作為溝通天地的「祭司」角色消失了，人性愈趨物化，成為「物」的一分子，遺忘了存在的意義。啟示錄提醒我們，真正的城市生活，應是人性的、「祭司」性的。

2. 地上的樂土

真正的城市生活，應是地上的樂土。[26] 在這樂土上，「上帝要擦去他們一切的眼淚；不再有死亡，也不再有悲哀、哭號、疼痛，因為以前的事都過去了」(啟二十一4)。

在這城市樂土上，有生命泉和生命樹(參啟二十二1～2)，人的各種需要，得到適時的供應。這叫人想起先知以賽亞的異象，先知宣告上帝的心意，說：

> 我必因耶路撒冷歡喜，因我的百姓快樂；其中必不再聽見哭泣的聲音和哀號的聲音。其中必沒有數日夭亡的嬰孩，也沒有壽數不滿的老者；因為百歲死的仍算孩童，有百歲死的罪人算被咒詛。他們要建造房屋，自己居住；栽種葡萄園，吃其中的果子。他們建造的，別人不得住；他們栽種的，別人不得吃；因為我民的日子必像樹木的日子；我選民親手勞碌得來的必長久享用。他們必不徒然勞碌，所生產的，也不遭災害，因為都是蒙耶和華賜福的後裔；他們的子孫也是如此。（賽六十五 19～23）

這真是最理想的城市生活模式，每個人的生命都能盡情開展，每個人都能盡其生、盡其性、盡其力。每個人都能享受生命應有的成果。這正是馮煒文先生所倡導的「以賽亞議程」。[27] 在這貧富極度不均的城市裏，啟示錄激勵我們，向這理想的城市生活面貌努力前進。

3. 上帝的居處

在啟示錄的遠象裏，真正的城市生活，不單人居其中，上帝也居其中。「看哪，上帝的帳幕（*skēnē*）在人間。他要與人同住，他們要作他的子民。上帝要親自與他們同在，作他們的上帝」（啟二十一 3）。城市本身，成為了聖殿，[28]「主上帝——全能者和羔羊為城的殿」（22 節）。人在生活中，與上帝面對面相見（參二十二 4）。從現世而言，這只能是基督徒完美地活出「基督」，人在信徒的愛中，見到「基督」。正如約翰一書12節所載：「從來沒有人見過上帝，我們若彼此相愛，上帝就住在我們裏面，愛他的心在我們裏面得以完全了。」

城市生活是冷淡而疏離的，啟示錄提示我們，要活出基督完全的愛，以致上帝能透過我們的生命，向世人展示祂的「面貌」。

八 結語

在啟示錄二章及三章裏，基督向七個城市的教會説話，在每番話的結尾部分，基督都呼籲他們要努力「得勝」（啟二7、11、17、26，三5、12、21）。今天的城市生活，真假不分、善惡交織、好壞難辨，信徒更要「在靈裏」看得清、看得透。但願我們在屬靈的正邪大戰裏，成為得勝的人。

註釋：

1. 在啟示錄的神學裏，聖靈扮演著重要的角色。聖靈讓教會羣體得見「視象」，給力量予教會羣體完成她的先知使命。聖靈也帶領教會羣體在基督裏終極得勝。參 Jan A. du Rand, "'... Let Him Hear What the Spirit Says...': The Functional Role and Theological Meaning of the Spirit in the Book of Revelation," *Ex Auditu* 12 (1996): 43～58。
2. 有學者認為啟示錄是對羅馬的政治經濟形式的一大批判。參 Allen Dwight Callahan, "Apocalypse as Critique of Political Economy: Some Notes on Revelation 18," *Horizons in Biblical Theology* vol.21 no.1 (1999): 46～65。
3. 啟一4，三21，四2、3、4、5、6、9、10，五1、6、7、11、13，六16，七9、10、11、15、17，八3，十一16（《和合本》譯作「位」），十二5，十四3，十六17，十九4、5，二十4、二十11、12，二十一3、5，二十二1、3。

4. 啟二 13，十三 2，十六 10，在這三節經文裏，《和合本》皆將「寶座」譯作「座位」。
5. 啟示錄第五章講到「羔羊」站在天上的寶座前，受萬物的敬拜，能打開「七印」，能審判萬民，這明顯貶抑坐在地上「寶座」的羅馬皇帝。參 J. Daryl Charles, "Imperial Pretensions and the Throne-Vision of the Lamb: Observations on the Function of Revelation 5," *Criswell Theological Review* 7 (Fall 1993): 85～97。
6. 參 Steven J. Friesen, "Satan's Throne, Imperial Cults and the Social Settings of Revelation," *Journal for the Study of the New Testament* vol.27 no.3 (Mar 2005): 357。
7. 參 Friesen, "Satan's Throne, Imperial Cults and the Social Settings of Revelation," 365。
8. 啟二 10，三 11，四 4、10，六 2，九 7，十二 1，十四 14。《呂振中譯本》將 "*stephanos*" 譯作「華冠」，以別於另一種「冠冕」。當中，四 4、10，九 7，十四 14 提到的是「金冠冕」。有學者指出，「金冠冕」的含義包括：勝利、王權、神聖的榮耀、榮譽。參 Gregory M. Stevenson, "Conceptual Background to Golden Crown Imagery in the Apocalypse of John (4:4,10, 14:14)," *Journal of Biblical Literature* vol.114 no.2 (Sum 1995): 257～272。
9. 啟十二 3，十三 1，十九 12。在聖經，這個字只出現這三次。
10. 啟十三 16、17，十四 9、11，十六 2，十九 20，二十 4。
11. 「印」的名詞是 "*sphragis*"，動詞是 "*sphragizō*"，論到以這「印」印在信徒身上的相關經文，有啟七 2、3、4、5、8，九 4。啟示錄提到「七印」，其中的「印」就是 "*sphragis*"。
12. 見包衡：《啟示錄神學》，鄧紹光譯（香港：基道，2004），頁 95～98。
13. 曾思翰、吳瑩宜：《啟示錄的刻劃研究——英雄、女性與國度的故事》（香港：基道，2009），頁 268。
14. 曾思翰等：《啟示錄的刻劃研究》，頁 265。
15. 曾思翰等：《啟示錄的刻劃研究》，頁 267。
16. 曾思翰等：《啟示錄的刻劃研究》，頁 269。
17. Alain Bresson, "Ecology and Beyond," in *Rethinking the Mediterranean*, ed. W. V. Harris (Oxford: Oxford University Press, 2005), 114. 轉引自曾思翰等：《啟示錄的刻劃研究》，頁 267。
18. 「海也不再有了」，與啟示錄的「終末性的出埃及」主題息息相關。參 David Mathewson, "New Exodus as a Background for 'the Sea was no More' in Revelation 21:1C," *Trinity Journal* vol.24 no.2 (Fall 2003): 243～258。
19. 侯活士（Stanley Hauerwas）也說基督徒是「異鄉人」，參 Stanley Hauerwas

and William H. Willimon, *Resident Aliens: Life in the Christian Colony* (Nashville, TN: Abingdon Press, 1989)。

20. 包衡指啟示錄可被理解為一「戰卷」。參 Richard Bauckham, *The Climax of Prophecy: Studies on the Book of Revelation* (Edinburgh: T&T Clark, 1993), 210～237。
21. 參包衡：《啟示錄神學》，頁 98～99。
22. 包衡：《啟示錄神學》，頁 123。
23. 包衡：《啟示錄神學》，頁 121。
24. 胡清心：〈你永遠沒有辦法叫醒裝睡的人〉，載於網站「時代論壇時代講場」，2012 年 9 月 6 日，參網址 http://christiantimes.org.hk/Common/Reader/News/ShowNews.jsp?Nid=74323&Pid=1&Version=0&Cid=837。
25. 參包衡：《啟示錄神學》，頁 187～191。
26. 參包衡：《啟示錄神學》，頁 181～187。
27. 參Raymond Fung, *The Isaiah Vision: An Ecumenical Strategy for Congregational Evangelism* (Geneva: WCC, 1992)。
28. 參包衡：《啟示錄神學》，頁 191～195。

2

當空間政治遇上公共靈性

趙崇明

一　二元論和私有化的屬靈觀

教會一直以來，頗受希臘柏拉圖式二元論的影響，主張靈魂與肉體、神聖與世俗二分。敬虔的信徒應該追求屬靈的事，逃避屬世的誘惑，這世界非我家，因為墮落和變幻的物質世界終必過去，永恆不變的天堂才是我們當追求的完美烏托邦。因此，教會只強調搶救個人靈魂的佈道工作，只宣講私有化的福音，關心的只是個人的道德操守和個體生命終局的問題，卻少講教會的文化任務和社會關懷，亦忽略了天國福音原本具備的公共性和政治性。

我們的靈修觀亦有很強的個體化和私有化的傾向，一般只重視祈禱、讀經、默想、退修等屬靈操練；關心的只是個人與上帝的屬靈關係、個人的靈性生命如何成長等靈性需要。

二 弔詭的思維

上述的二元論其實是一種「非此即彼」(either-or)的思想結構，例如永恆相對於變幻、靈魂相對於肉體、神聖相對於世俗、私人相對於公共、順服相對於自由、散亂相對於秩序、行動相對於安靜。在兩端之間只取其一並排斥另一端，這實在是不少人的慣性思維結構。帕爾默(Parker J. Palmer)卻建議我們培養一種弔詭的思維去理解世界。何謂「弔詭」?「弔詭」即反對「非此即彼」，主張表面上矛盾衝突的差異，可以「亦此亦彼」(both-and)地存在，「亦此亦彼」就是「弔詭」。

三「登山變像」與「弔詭」的屬靈觀

上文提過，二元論和私有化的屬靈觀，其實只是柏拉圖式二元論的產物，並非聖經的講法。相反，聖經充滿了「亦此亦彼」的弔詭性思維。例如耶穌「登山變像」的故事(參太十七1～13；可九2～13；路九28～36)，也許能夠幫助我們建構一套弔詭的屬靈觀。

1. 既上山又下山

「耶穌帶著……暗暗地上了高山」(太十七1)。上山，是一條向上超越的成聖之路(upward movement)，是邁向聖潔的屬靈旅途。山上，是充滿光明異象、雪白純潔的神聖空間。有緣身在此山中，彼得也流連忘返，讚歎「我們在這裏真好」，更預算搭建三座棚(4節)，長住於這神聖空間內，享受與主同在那種好得無比的屬靈境界。

然而，耶穌拒絕留在山上，他帶著門徒三人下山（太十七9），離開屬靈安舒區，回到凡俗世界。下山，表面上是「往下」屬世之路，其實也可以是一條屬靈之路。留意三卷對觀福音書，都記載耶穌下山後去醫治被鬼附的孩子，進入被撒但掌控的凡俗世界去醫治。道成肉身豈不正是如此？耶穌從上而下，降卑虛己，成為奴僕，且死在十字架上，完成拯救的工作（參腓二6～11）。盧雲（Henri J. M. Nouwen）明言：

> 聖經中最大的弔詭，就在於向我們指出，真正且完全的自由，只有透過「向下的移動」（downward mobility）才能找到。上帝的道是向下來到我們中間，以僕人的身分住在我們當中。毫無疑問，神聖的道路就是一條往下走的道路。[1]

「向下移動」之路，就是讓神聖進入凡俗的入世之路。原來並非只有上行才是成聖之路，下山入世之路，也可成為神聖與屬靈之旅途。

2. 既離開又結連

不過在神聖接觸或進入凡俗世界之前，或者說，在屬靈與屬世的結連（connection）之前，先要離開或抽離，意即神聖與凡俗必須先要作出區分（distinction），神聖先要從俗世分別出來。這種「離開」，這種「分別」，為的是要保存差異，建立界限（boundary），避免被俗世的文化同化。因為教會一旦被世俗化，就不可能承擔「醫治被撒但掌控的凡俗世界」的工作。因此，下山之前，先要上山，不過上山只是為了下山。

總而言之，真正的聯繫，必須分別而不分割（distinction but not separation），相連而不相混（connection but not confusion）。真正的聯合是既要立界自限，分別出來；又能擁抱差異，邁向合一。此即所謂教會需要「分別為聖」、「在世而不屬世」的意思。

3. 既靜默又說話

山上是寧靜的，應該是安靜默想和祈禱獨處的好地方，因此門徒能夠聽到聖父的聲音（參太十七 5～6）。對比山上，聚滿羣眾的山下，卻是眾聲喧鬧的世界。靈修，應該是靜默抑或說話？正所謂「靜默有時，言語有時」（傳三 7），兩者其實既不彼此排斥，更是互補有時。潘霍華（Dietrich Bonhoeffer）在《團契生活》（*Life Together*）中亦如此說：「靜默和言語有內在的連繫，一如獨處和團契，兩者缺一不可。恰當的言語出自靜默，而恰當的靜默卻來自言語……喧嘩的人是聽不見上帝之道的，只有靜默的人才能夠。」[2] 事實上，惟有在靜默中聆聽上帝的話，才有道可傳，才有恰當的言語，來醫治這個被罪惡掌控的世界。

4. 既私人又公共

無疑，山上是獨處的私人領域，山下卻是屬於社羣的公共空間。靈性操練不應只停留於個人的層面，也不應把靈修過度私有化。如果上山是為了下山，離開是為了結連；那麼，個人退修獨處，最終還是為了進入社羣；獨處中的靜默，最終也是為了成就溝通共融的言說。潘霍華在《團契生活》中亦如此說：「凡不能獨處的，就當小心團契生活。凡不能在團契中生活的，就當小心獨處。」[3] 潘霍華指出，獨處與社羣是唇齒相依的。梅頓（Thomas Merton）在《默觀的新苗》（*New Seeds of Contemplation*）中的觀點，可說是進一步勾勒出兩者的關係：

> 我們進到沙漠去，為的不是避開人，而是學習怎樣尋找人；我們離開人，不是為著不要再跟他們有甚麼轇轕，而是要找出給他們最大貢獻的方法。不過這只是次要的目的。涵蓋所有目的者，其實是神的愛。[4]

梅頓不但說明退修獨處是為進入社羣的服事作預備，更強調獨處更重要的目的，是為了與上帝的愛結連，而上帝的愛，才是進入社羣服事不可或缺的泉源。總結而言，靈修不應只得私人的一面，還要有公共的一面。獨處與社羣、私人與公共應該亦此亦彼地並存。

四 當空間政治遇上公共靈性

近年香港的經濟政治文化出現「空間轉向」的形態，愈來愈多以「空間政治」的方式進行，甚至發生了連場的城市經濟及政治空間爭奪戰。活在這「空間政治」下的耶穌門徒，卻不應忘記耶穌所帶來的天國福音。「天國」或上帝的「國度」（kingdom），指的就是一個有別於「地上國度」的另類政治空間，上帝正是這政治空間的王。耶穌亦曾經呼召門徒上山，教導他們被新約學者稱為「國度倫理」的「山上寶訓」，目的乃是裝備他們下山，建立教會，在地上作鹽作光，見證上帝的和平國度，在地上實現這另類「空間政治」（參太五～七章）。更要留意的是，耶穌在教導門徒「國度倫理」之前，首先教導的是「公共靈性」——「八福」。耶穌似要指出，若要成功踐行「國度倫理」這另類「空間政治」，門徒首先必須培育八種重要的屬靈德性——虛心、哀慟、溫柔、慕義、憐恤、清心、使人和睦、為義受逼迫（五3～10）。[5] 由此可見，「空間政治」與「公共靈性」彼此息息相關，下文將會討論它們的互動關係。

1. 從「佔領運動」看「空間政治」的貢獻

在一次訪談中，福柯（Michel Foucault）這樣強調「空間」的重要性：「空間是任何公共生活形式的基礎。空間是任何權力運作的基礎。」[6] 他的言論起碼帶出空間、公共生活與政治權力之間的關係。

A. 公共空間與行動參與

首先討論「空間是任何公共生活形式的基礎」。空間政治是強調踐行性、展示性和表演性的政治，因此重視在地的行動，由具體行動驅動或主導思考，因而這種政治思考不會過於抽象和閉門造車，必然關心具體的處境和脈絡。

由於行動主導，因此「空間政治」也是肉身在場和委身參與的政治（politics of embodiment and commitment）。李飛在批評「佔領運動」（又稱「雨傘運動」，簡稱「佔中」）示威者時曾說：「不要把自己一生貢獻給馬路，給香港一個安寧，給社會增添點正能量。」然而，就「空間政治」而言，馬路、廣場（如維園、皇后像廣場、政府總部外的公民廣場等）就是公共空間。公共空間的重點是「公共」；「公共」的觀念、公民社會的公共意識，正是需要這些公共空間來培育及踐行。大部分香港人以往只談經濟，少談政治，就算參與政治，其實參與程度相對較低，最多只是透過投票這類代議式民主間接參與而已，公民意識始終比較薄弱。作為「空間政治」的「佔領運動」，正是透過上街遊行、街頭靜坐、「瞓街」、奪回政總外的公民廣場等佔領公共空間的方式，推動人們身體力行地直接參與政治活動，走出私人領域，進入公共領域關心社羣，跟公眾一起參與公共事務。惟有如此，公民社會才能形成。

「佔領運動」這種「空間政治」，其貢獻不僅在於令社會覺醒，其實亦可讓教會覺醒，推動信徒從私人領域進入公共領域，重新思考天國福音的公共性和政治性，並培育「公共靈性」，擴闊心靈空間，由內到外地踐行「國度倫理」這另類「空間政治」，並藉此重新反省「私人與公共」、「靈修與行動」的關係。

在烏克蘭的內戰中，正教的神職人員站在警察與示威者敵對雙方的衝突中祈禱，作和平之子。在香港的「佔領運動」中，一些牧者和基督徒在現場透過祈禱、唱詩、敬拜、聖餐等默想和平的意義，並踐行如何在衝突中持守和平非暴力精神，亦有教會開放場地踐行接待的倫理。這些事件也可刺激我們思想：「靈修就是社會行動」是甚麼意思？如何讓靈修進入公共空間？如何透過靈修使我們在衝突中作和平之子？如何存謙卑的心，在與上帝同行的靈修中行公義、好憐憫？

B.「空間運用」的顛覆與創新

跟著思考「空間是任何權力運作的基礎」的含義。在原本的計劃裏，這場公民抗命的「空間政治」，只打算佔領中環。為何偏偏要「佔領中環」卻不佔領其他地方？戴耀廷早已解釋：「由示威者違法地長期佔領中環要道，以癱瘓香港的政經中心，迫使北京政府改變立場。」[7] 由於中環是香港的經濟及政治權力核心的政經空間，香港主要的大財團、商業和金融機構（甚至是它們的總部）都集中在這裏，而且它們的位置又恰恰鄰近政府總部，在地理位置上已暗示了**經濟及政治權力核心**兩者的結盟，亦似乎象徵了官商之間的關係非常密切，就算不是官商勾結，不少人也批評現實中政權多向財團傾斜，畢竟特區政府施政方針的首要考慮是「經濟至上」，於是容易給人政治為經濟服務的印象。因此，「佔中」行動正要透過公民抗命的方式，佔領中環這個具有政治及經濟意義的空間，不僅脅迫北京政府兌現給予香港人真普選的承諾，亦想達到顛覆「中環價值」霸權這目標。

中環、金鐘、銅鑼灣、旺角這些被「佔領運動」支持者佔領的空間，長期以來都被規劃作消費和發展經濟的用途。佔領行動不但要顛覆主導這些「空間運用」背後的「中環價值」的霸權，並且實際改變空間用途，將本來只供汽車使用的馬路，變回讓任何人都可以在其上自由步行的行人街道，令街道回復它本來屬於公民的公共性，使街道成為公民可以在其中一同生活、互相交往的真正的公共空間。就像我們看見示威者在街上紮營居住，自發成立糾察隊維持公眾秩序，一同清理街道保持衞生清潔，建起自修室一同讀書溫習做功課；亦有人進行藝術創作，甚至過著資源共享的生活，踐行類似使徒行傳「凡物公用」的精神。這些空間猶如一個「公民共同體」，起居飲食等日常生活，就在這個被重新建構的再造空間中進行，創造及體現了「中環價值」以外的另類人文價值。

以上描述，也許會遭人批評為將一個破壞秩序的非法活動，過度美化和浪漫化了。然而，在一個長期被獨大的「中環價值」佔據的社會裏，香港人已經愈來愈被模造到過於務實、眼光狹窄、缺乏創意。權力的本質，離不開要操縱及馴化別人，使人們慣性地生活在既定的思維、規範、秩序、模式、建制當中，生活文化便變得千篇一律、單調平面，只滿足「維穩」的目標，卻犧牲了自由創意和非凡想像的人文空間。靈修的其中一個目的，正是要培育我們屬靈眼睛的洞察力，孕育靈性生命的深度，開拓心靈空間和想像力，擴張屬靈的視野，以致能既深且廣地看到另類的屬靈異象，猶如彼得昔日離開現實世界，在山上看見超然物外的屬靈景象一樣（參太十七 1～8）。

2. 從「佔領運動」看「空間政治」的戰爭本質

「空間」與「時間」不同。空間的特色是獨佔和排他，從來沒有兩個人或兩個存在物能夠同時佔有同一空間。換言之，當我的身體佔有此空間時，即意味著已為此空間定一界限，以防止他者闖入。因此，這種空間上的佔有，同時自然表現出一種對他者的排他性；但時間則不同，時間可以共享。[8] 因此，「空間政治」中的佔領或爭奪「空間」，便容易變成一種「有我無你」的排他、敵對及戰爭狀態。

香港的地產霸權現象，反映了財閥不但急於「生產空間」，還肆意「霸佔空間」，例如領匯商場、廣東道、銅鑼灣及各大型商場這些經濟空間，明顯出現被大財團及名店等經濟霸權佔領的不公平現象，於是當中原有的小商戶，便因缺乏競爭力而被淘汰，這明顯反映了「有我無你」的排他現象。針對政府和財閥對經濟空間的霸佔，香港近年出現了連場「反經濟霸權」的反佔領或城市空間保衛戰。例如：保護維港運動、反高鐵保衛菜園村行動、包圍廣東道 D&G 行動、碼頭工人的佔領貨櫃碼頭行動、光復上水的反佔領行動、旺角的拖喼及驅蝗行動、效法佔領華爾街的佔領中環匯豐銀行總行行動、針對新界東北發展計劃的包圍立法會行動等。

經濟和政治其實密不可分，上述的經濟空間爭奪戰，同樣也是政治空間爭奪戰。另一些城市政治空間爭奪戰的例子，往往又跟文化保育有關，例如保護天星和皇后碼頭運動、涉及灣仔社區重建的保衛囍帖街行動等。這些文化保育運動之所以在香港出現，均與香港人(尤其是年青一代)的本土意識抬頭，以及政治身分認同這類政治課題息息相關。更明顯反映這種本土意識和政治身分認同的城市政治空間爭奪戰，則包括二○○三年反二十三條的七一遊行、二○一二年針對政府推行國民教育而發動的佔領政府總部的「反國教行動」、本土派闖入解放軍駐軍總部的行動等。當然由戴耀廷倡議的「佔領中環」，到後來發展成的「佔領運動」，更是典型的「空間政治」和城市政治空間爭奪戰。

這次的「佔領運動」，更明顯暴露了「空間政治」所具有的排他和對抗的本性。早於戴耀廷在二○一三年一月十六日那篇名為〈公民抗命的最大殺傷力武器〉的文章裏，已經將「佔中」定性為一枚具有殺傷力的核彈，亦惟有具備這種具殺傷戰鬥力的條件，才能成為帶有「脅迫性」的抗命行動，以致能夠擁有跟強大對手討價還價的力量(bargaining power)。於是「佔中」這種「空間政治」，本質上就已具備一種敵對及戰鬥的特性。

可惜其戰鬥對手北京政府，從來就以國族主義和國家安全為首要考慮，對西方式民主從來就諸多顧忌，更遑論可以用脅迫的公民抗命手段迫使她就範。香港人愈堅持透過具「脅迫性」的「空間政治」爭取「公民提名」，北京政府的反應便愈強硬，更急於重掌制定普選辦法的話語權和決定權。

誠然，作為一場社會運動的「佔領運動」，不能排除社會運動的目標，就是為了爭取社會或政治改革，也就是一羣人共同追求和希望建立的一種新的社會或政治秩序。不過不少社會學家和政治地理學家已經告訴我們：「社會改革是社會鬥爭的結果。」[9] 換言之，透過社會運動從舊的秩序，過渡到新的秩序的轉變過程中，往往無可避免會出現衝突和混亂失序的鬥爭狀態：

> 社會運動有反抗性，或者用地理學家尼可斯（Walter J. Nicholls）的話來說，社會運動很「好戰」。換言之，社會運動會反抗現有社會政治秩序的一個以上元素。這表示，社會運動和社會上其他想維持**現狀**的羣體或制度**產生衝突**。[10]

因此，肩負著要爭取一種新的政治秩序這目標的「佔領運動」，本質上已經不可能排除失序、衝突、敵對等社會運動必然存在的元素；只不過由於抗爭的對手（北京政府）是一個政治巨人，於是惟有加重火力，將自己武裝成核彈，希望在一場政治博奕中險中求勝。然而，最弔詭的是，這場社會運動的始作俑者，卻並非「好戰分子」，甚至由始至終最不想「佔中」真的發生；於是既要打出意圖攻佔具戰略意義的城市空間這張王牌，同時又要高舉「非暴力抗爭」的旗幟。

儘管強調的是「愛與和平的非暴力」抗爭，不過由於其本質上的敵對及戰鬥傾向，於是始終容易被兩邊極端的政治勢力騎劫（一邊是香港的激進民主派或本土派，一邊是中央或建制中最保守的鷹派；當然更包括一羣香港愈亂愈能賺取政治利益的政治投機者）。這些極端政治勢力和政治投機者，本身正是喜歡製造敵人意識的人，他們有些人甚至不惜煽風點火，將人民的內部矛盾和衝突不斷擴大，形成一種「硬碰硬」的對抗形勢。「佔中」示威者既然佔領公共空間，敵方（建制一方）便還以顏色，高舉「保普選、反佔中大聯盟」的旗幟作城市空間反擊戰，甚至將敵人的行動污名化，結果令社會愈來愈分化撕裂，導致香港的政治生態愈來愈趨向兩極化。

及至二〇一四年八月三十一日，人大常委會提出極保守的「提名委員會」選舉框架的「落閘」表決，隨後對抗便一觸即發。繼「學聯」及「學民思潮」於九月二十二日發動為期五天的罷課行動，以及黃之鋒宣告要奪回公民廣場之後（這幾乎是空間政治必然展現的政治行動），九月二十八日凌晨，戴耀廷便宣佈正式啟動「佔中」行動。豈料當日傍晚，警方向示威人羣施放了八十七枚催淚彈，導致羣情激憤，隨即爆發城市空間爭奪戰。示威者佔領重要的街道，更聲言要令「空間政治」「遍地開花」，於是佔領行動便伸延至銅鑼灣、旺角、尖沙咀等地區，甚至在旺角及銅鑼灣街頭，陸續出現警民與羣眾之間彼此辱罵和肢體衝突的情況，令一向不習慣激進政治，喜歡穩定生活的香港市民，一方面得承認「空間政治」已迫在眉睫，政治已成為日常生活的一部分；另一方面，又為社會瀰漫著猜疑、撕裂、分化、敵對的氣氛而深感憂慮。

3. 寧願衝突，保存差異

面對矛盾衝突的人際關係，自然令人感到不安，甚至很想逃避。然而，必須承認的是，人生難免充滿矛盾與衝突。充滿智慧的傳道者，早已洞悉人間世情：「撕裂有時，縫補有時⋯⋯

爭戰有時，和好有時」(傳三 7～8)。人生並非只有歡樂與和好的日子，也有紛爭與撕裂的時候。戰爭與衝突，本是人生的常情與人世間的現實，無可逃避；既來之，則安之，反而應積極與之共處。

何況從創造神學的角度而言，衝突絕非壞事。人世間的衝突，基本上是源於彼此的差異。差異卻絕對是美事，因為上帝創造萬物並使萬物「各從其類」時，上帝「看著是好的」(參創一 11～12、21、24～25)。「各從其類」這種多元性和差異性，正是上帝賦予被造物其中一種美好的創造秩序，它只會令這個世界更豐富和多采多姿。因此，我們寧可接受良性的衝突(或說張力)以致保存差異，也不要為了維穩而作出排除異己、惟我獨尊的統一。

由差異到衝突，甚至是暴力的戰爭，往往都是源於人的自我中心的罪性，以及「自主權」(autonomy)這種權力慾作怪。聖經如此描述夏娃所受的試探：「因為上帝知道，你們吃的日子眼睛就明亮了，你們便如上帝能知道善惡」(創三 5)。人不甘於只聽命和順服上主，卻要奪回自主權及話語權。其實人世間各種衝突的根源，多數源於人的自我中心，眼中只有自己，沒有他人，只愛自己，妄顧他人的權益，也漠視他者與自己的差異。因此，多元性及差異性更必須在和平合一的愛裏，才能培育及保存得好。

4.「和平」的真義

在現今的社會文化裏，那些為自由、民主、公義而戰的人所高呼的口號，往往特別嘹亮，受人注目；那些仍宣告和平與寬恕信息的人，卻被認為保守懦弱，甚至遭人蔑視。正如盧雲所言：「現在人們說**自由**這個詞時總是充滿自信，但當他們說**和平**這個詞時，卻總是膽怯地說。」[11] 沃弗（Miroslav Volf）也在《記憶的力量》（*The End of Memory*）中，挑戰近半個世紀主流文化那種過度強調「公義得伸張」的價值觀，這種價值觀令「寬待犯錯的加害者」在信徒的「記憶」（或意識）中逐漸逝去，信徒變成只講公義，少談寬恕。[12] 這種高舉自由、民主、公義的主流文化，既反映基督徒已經逐漸只向世俗政治的價值觀傾斜，同時亦忘記了和平與寬恕，才是天國福音和上帝國度倫理的核心價值。故此，盧雲提醒我們：「今天的基督徒如果想做真正的基督徒，必須有勇氣使**和平**這個詞像**自由**這個詞那般重要。」[13] 今日的教會，更加必須培育天國子民和平的靈性，好讓他們能在這個充滿戰爭和暴力的世界中作「和平之子」，在世上見證和平福音及踐行和平國度倫理。

在未談及和平的靈性之前，先要闡明「和平」的真義。必須澄清的是，「和平」跟「河蟹」（「和諧」）不同。「河蟹」是一個具貶意的政治名詞，含有靠攏建制、依附權貴、盲從附和、甘被馴化、排除異見、自我審查等負面含義。「河蟹」政治是恐懼「差異」，害怕異己。「河蟹」政治為求統一，不惜使用任何統治手段，破壞多元，只容許一把聲音，表面吹捧和諧穩定，內裏卻充滿霸權和暴力；要宣揚的，其實是一套消滅「他者」的獨裁政治。

耶穌曾說：「我留下平安給你們；我將我的平安賜給你們。我所賜的，不像世人所賜的」（約十四 27）。英文聖經一般將原文譯作 peace，中文聖經則將 peace 譯作「平安」。在聖經中，其實「和平」（peace）與「平安」（*shalom*）同義。耶穌這位和平之子已經說得很清楚，「和平」是一份由祂所賜的禮物，而且祂所賜的「和平」是另類的，跟世人所理解的「和平」不同。亦由於此，惟有和平之子，才能留下真正的「和平」給我們，意思是離開耶穌，我們根本就不知「和平」為何物。

由於「和平」與「平安」同義，而「平安」(*shalom*)最基本的意思是「完全／成」(completeness)、「完滿」(fullness)或「整全」(wholeness)。因此，「和平」具有一種達到目標而完滿終結這種終末論的意義。「和平」是上帝創造最終要達到的結局(the end)和長遠目標(long-term goal)，也是整個人類歷史的完滿終結(consummation)。[14] 因此，「和平」與「非暴力」不僅是一種社會行動的手段或策略，它們本身就應該是社會行動的核心價值和期盼可達成的目標，從而朝向終末「和平國度」的完滿實現。

亦由於「平安」含有「整全」的意思，而「整體」必然包含多元和差異，因此，「和平」已經預設了因差異存在而有的張力。「和平」就是在多元及差異的張力中踐行包容、接納、合一。就像聖經所描繪的終末「和平國度」那幅「整全」的圖畫：「豺狼必與羊羔同食，獅子必吃草與牛一樣……在我聖山的遍處，這一切都不傷人，不害物，這是耶和華說的」(賽六十五25)。

5. 由「弔詭」開出民主與和平

上文提過，由於空間政治含有獨佔和排他的特性，因此容易被敵我矛盾的意識騎劫，變成一種「有我無你」的敵對及戰爭狀態。為何人與人之間，這麼容易出現一種「有我無你」的敵對關係？其中一個原因，可能跟我們總是喜歡用「非此即彼」的思維去詮釋事物有關。慣於二元論式思維的人，都傾向只從自己的角度看問題，而且往往又會堅持自己執著的一端是對的，對方執著的相反或另一端必然是錯的，容易將自己和異見者放在一個「我對你錯」、「我擁有真理你堅持歪理」的對立面上，卻看不到自己的盲點，亦不能正視自己的問題。簡而言之，這種「非此即彼」的二元論式思維，很難包容差異或相反的事物。

帕爾默卻認為，尊重差異和懂得處理由差異而生的衝突，才是民主最重要的質素。他說：

> 避談大家的差異，只會削弱民主的潛力，因為差異其實是民主的養分——如果我們懂得面對和處理差異的話……保持我們政見的差異，並一切由差異而生的衝突，是我們公善所依，是公民社會民主所不可或缺。」[15]

簡而言之，民主就是反對二元論式思維，保存差異，包容異己，甚至學習如何跟由差異而起的衝突相處。因此，若要踐行真正尊重差異的民主，帕爾默建議我們培養一種弔詭的思維和人生態度，即容許表面上矛盾衝突或兩種極端差異的事物同時「亦此亦彼」地存在。

帕爾默的「弔詭」觀念，亦可從傳道書中找到：「生有時，死有時……撕裂有時，縫補有時……爭戰有時、和好有時」(傳三 1～8)。生與死、撕裂與縫補，爭戰與和好……傳道書同樣將人世間兩個極端的事情陳明出來，而且亦承認「日頭出來，日頭落下，急歸所出之地。風往南颳，又向北轉，不住地旋轉……已有的事後必再有；已行的事後必再行」(一 5～6、9)。天下萬務就是這樣循環往返。既然如此，最好就是順應自然，不應太過執著。有時太過執著，反而容易造成戰爭與衝突。若從宏觀或較廣闊的視野來看，事實上兩極端(差異)原來可以在人世間共存。其實只要能夠擁有這種視野或人生觀，就已經能夠化解不少人世間的衝突，甚至可以從一個較正面的角度看世界萬事——正是在兩極端的張力中，看出生命秩序的節奏感，以及萬事萬物的多元性。

如果民主就是尊重差異，以及懂得處理由差異而生的衝突，那麼，同樣重視在多元及差異的張力中踐行包容、接納和合一的「和平」，就跟民主有相似的地方。而擁有「弔詭」的思維和人生態度，正有助於我們實現包容異己這種和平與民主的政治踐行。

6. 和平的公共靈性（Public Spirituality of Peace）

在上文討論「登山變像」的屬靈觀部分，曾提及「既私人又公共」、「既上山又下山」及「既離開又結連」的弔詭性。這主要指出我們不僅要有私人獨處的靈修，亦要關注進入社羣的公共靈性。靈修應包括在世的行動，甚至是政治或社會行動。但在世不等於屬世，因此便要結連有時、離開有時，才能不被世俗同化。若要進入公共領域參與「空間政治」，尤其是踐行和平國度的政治倫理，首先必須回到私人領域的靈性操練，聆聽自己內在生命的聲音。這樣做只有一個目的，就是要建立「在世而不屬世」的公共靈性。

社會行動通常都以爭取公義或追求某種政治理想為目標，往往亦以此作為呼籲羣眾參與的道德感召。因此，社會行動的發起人和支持者，一般都相信並堅持其所發起的行動，是神聖的任務。然而，在《和平路上》（*The Road to Peace*），盧雲卻特別提醒爭取和平的信徒要留意以下事情：

很多邪惡的行動都是以神的名義進行。那是最能夠保護撒但的面具。如果我們要做締結和平者，我們必須不斷撕破撒但這面具。雖然我們可能很容易辨認出圍繞著我們的黑暗勢力，但卻很難在自己所做的「好事」上發現這些相同的勢力。[16]

尤其當我們自以為站在道德高地做「好事」的時候，往往很容易只看到對方的問題，卻忽視了自己也有可能犯上類似的毛病。當我們義正詞嚴地指責別人邪惡或不公義，也許我們不知不覺也做了邪惡或不公義的事情。當我們義憤填胸地譴責暴力，也許我們有意無意之間已向他人施以暴力。甚至乎，對於某些我們以為是奉上帝之名而從事的神聖工作，盧雲說「實際上可能是由我們的傷痕和需要驅使。」[17] 他更進一步明確指出：

我們為和平而作出的行動，背後的主要動機可能不是真正為了服事別人的熱情，而是自我懷疑、內心裏的不安、害怕被人遺棄、需要別人肯定、渴望得到名譽和受到別人歡迎。這些動機會為我們爭取和平的行動帶來戰爭的元素。[18]

因此，我們真的需要在聖靈裏，聆聽及辨識自己內在的傷痕和心理需要，以免我們本來想締結和平，到頭來卻成為製造紛爭衝突的戰士。

為何我們會有渴求名譽和戀棧權力這類內在傷痕和心理需要？歸根究底，可能都是跟世俗化有關。在世俗文化的氛圍底下，我們很容易局限於現世生活的視野和期望。在羣眾壓力下，我們很容易隨波逐流，不知不覺被世俗文化渴求名譽和戀棧權力這類價值觀俘虜。正如盧雲在《荒漠的智慧》(*Desert Wisdom*)的跋中寫道：

> 世俗的城市最顯著的特徵，是它通過各種**強制力**把我們囚禁起來。世俗的生命充滿了種種**應然**和**必然**。你**必須**這樣做，你**應該**這樣做，你**不能**在這裏或在那裏，諸如此類。正是這些強制性的力量建構了那個**假我**。假我就是一種把自我的認知依附在周遭環境的反應的意識。我是誰？我是那個被人喜歡、仰慕、尊敬、憎恨……的人……你不能單單説：「噢，我不在乎別人怎看我。我不會讓自己受別人的讚賞或批評影響。」這是絕不可能的事情。我們的社會的構造形式是：除非你在乎，否則你就不能生存。因此，所要求的，是一種徹底的行動，一種自願的移位。即是從平常和正當的位置移出，用以尋找我們的真我。[19]

由於我們經常被內在傷痕和心理需要所驅使，於是更需要一種「進入曠野或上山」的屬靈操練，這就是盧雲所講的「徹底的移位行動」，目的是操練我們要從世俗化現實社會的強制力中撤離出來，讓我們保持頭腦清醒，分別為聖，不被世俗同化，在世而不屬世。

盧雲更直接主張，禱告就是讓我們能從俗世文化分別出來，活出在世而不屬世生命的重要屬靈操練。何以如此？盧雲再詳加解釋：

> 爭取和平的吊詭之處在於，只有當我們對自己的看法並非植根於這個世界時，我們才能夠談及這個世界的和平……只有當我們不再屬於這個世界時，我們才能夠活在這個世界中。這樣離開製造戰爭者的世界，以便以締造和平者的身分進入世界，正是十字架的道路……只有藉著棲居於和平之家，我們才能夠明白爭取和平的意義。[20]

如何離開製造戰爭者的世界並棲居於和平之家？答案就是藉著禱告。因此盧雲說：「禱告其實是向世界死，以致我們可以為神活。」[21]

另一方面，禱告又是締造和平的基礎，因為「和平是一份神聖的禮物，一份我們在禱告中接受的禮物」。[22] 締造和平是愛的服事，於是惟有在禱告中與耶穌相遇同行，我們才能接近這位到死仍要寬恕仇敵的和平之子，才有機會明白耶穌吩咐我們愛仇敵的教導。難怪盧雲認定「禱告——活在神的同在中——是我們所能想像的爭取和平行動中最激進的一種」。[23]

註釋：

1. 盧雲：《向下的移動——基督的捨己之路》，應仁祥譯（台北：校園書房，2013），頁35。
2. 潘霍華：《團契生活》，鄧肇明譯（香港：基督教文藝，1993），頁66～67。
3. 潘霍華：《團契生活》，頁66。
4. 梅頓：《默觀的新苗》，羅燕明譯（香港：基道，2002），頁74。
5. 關於國度子民應具備「八福」這些屬靈德性的討論，值得參考司道生、顧希：《國度倫理——在當世處境跟隨耶穌》，紀榮智、吳國雄、梁偉業譯（香港：基道，2014），第 2 章。

6. 福柯：〈空間、知識、權力——福柯訪談錄〉，載《後現代性與地理學的政治》，包亞明編（上海：上海教育，2001），頁 13～14。
7. 戴耀廷：〈公民抗命的最大殺傷力武器〉，載《佔領中環——和平抗爭心戰室》，戴耀廷著（香港：天窗，2013），頁 32。
8. 參Abraham J. Heschel, *The Sabbath: Its Meaning for Modern Man* (New York: Noonday Press, 1994), 99。
9. Joe Painter、Alex Jeffrey：《空間與權力——政治地理學新風貌》，謝明珊、陳坤森譯（台北：韋伯文化國際，2012），頁 187。
10. Joe Painter、Alex Jeffrey：《空間與權力》，頁 185～186。粗體為原著所強調。關於引文中提到尼可斯（Walter J. Nicholls）的觀點，可參照Walter J. Nicholls, " The Geographies of Social Movements," *Geography Compass*, 1(3) (2007): 607～622。
11. 盧雲：《和平路上》，陳永財譯（香港：基道，2002），頁 50。粗體為原著所強調。
12. 參沃弗：《記憶的力量——在錯誤的世界，邁向盼望》，吳震環譯（台北：校園書房，2012），頁 8～9、291。
13. 盧雲：《和平路上》，頁 50。
14. 參 John Macquarrie, *The Concept of Peace* (London / Philadelphia: SCM Press / Trinity Press International, 1990), 29～43。
15. 帕爾默：《民主，心碎的政治？》，黃大業譯(香港：基道，2014)，頁 60。
16. 盧雲：《和平路上》，頁 56～57。
17. 盧雲：《和平路上》，頁 56。
18. 盧雲：《和平路上》，頁 57。
19. 野村湯史作畫及英譯：《荒漠的智慧——沙漠教父語錄觀照》，莊柔玉中譯（香港：基道，2003），頁 112～113。
20. 盧雲：《和平路上》，頁 64。
21. 盧雲：《和平路上》，頁 69。
22. 盧雲：《和平路上》，頁 52。
23. 盧雲：《和平路上》，頁 64。

3

從先知約拿與那鴻看靈命與城市關注

蔡式平

一 引言

靈命涉及個人內在的修為，而城市關注，則涉及周遭的環境。所謂城市關注，看似是要提出關於城市的問題，或是批評，或是改善。若說兩者的關係風馬牛不相及，似乎有點兒過分，但兩者又有何相關呢？本文將探討城市的問題能否成為素材，供靈修之用。先知既要與上帝有良好的關係、領受信息及異象，同時亦要進入城市，進行宣講。他們的行徑，能否成為我們的借鏡呢？

本文將分為四部分，第一部分是靈修與靈命；第二部是先知約拿與那鴻分別兩條路線的靈修；第三部分是兩者的比較和評論；第四部分是反思和歸納可借鏡的地方。

1. 靈修與靈命

A. 靈修

盧龍光認為靈修是「整個生命透過經歷三位一體上帝的同在，對思想、感情、意志等全人的鍛煉」。[1] 他指出，靈修明顯是透過既定的方法，讓全人與上帝有同在的經驗。所謂全人，就是人的內心世界，包括他的思想、感情、意志。而譚沛泉將靈修推演至生活的層面，他說：「不單是指與靈性有關的活動或操練，如祈禱、默想、敬拜和事奉等；它還包括待人接物、起居飲食和工作娛樂等其他生活的層面」。[2] 換句話說，譚氏認為，靈修不單可以運用傳統的操練方法，例如祈禱、讀經及默想等，還可以有更多樣化的方法，從其他層面，例如生活化的層面發掘。

操練方法固然重要，靈修還有個很重要的目標，便是靈命的成長。甚麼是靈命成長？簡單而言，如譚沛泉所說，是「活出基督的生命」，[3] 或者如依納爵（Ignatius of Loyola）所指，就是「按著神的旨意來安排和調整生命」。[4] 故此，靈修不單重視個人的自省和內在生命的檢視，更看重在生活層面活出基督的生命，向世界作見證，成為一個有感染力的生命，讓人具體經驗上帝的臨在。

由此可見，要達成以上所說的目標，只用傳統的操練方法，如祈禱、讀經、默想來靈修，是不足夠的。除了以聖經為靈修的主要素材外，亦需按譚氏的建議，在生活的各個層面發掘靈修的素材。換句話說，對外在環境的觀察，也可以成為靈修的素材。於是，傳統的那種抽離人羣，在安靜中與主相遇的靈修，並不是惟一的選擇。

簡單而言，靈修是方法，而靈命是目標。要有好的靈修和靈命，便要承認我們存在於兩種張力之間，即抽離與附屬之間、經文與處境之間、自省與宣告之間。我們要在這些張力之間取得平衡。

B. 靈命

誠如以上所言，靈修的目的，是要「活出基督的生命」，[5] 或者「按著神的旨意來安排和調整生命」。[6] 所謂靈命成長，更確切而言，是要培養出好的靈命。然而，甚麼是好的靈命，又怎樣才能獲得呢？

基督徒的屬靈程度，往往取決於在生活中，讓聖靈帶領及掌控的程度。換句話說，就是對上帝的感知（awareness）。當人願意順服上帝，或者說，當人願意選擇讓上帝作主時，這就意味著對上帝的感知提升了。這種對上帝的感知，使我們漸漸明白上帝的旨意，與上帝的關係就不會間斷，個人的私慾和偏見得以除去，而生命也被調整過來，靈命就會長進。

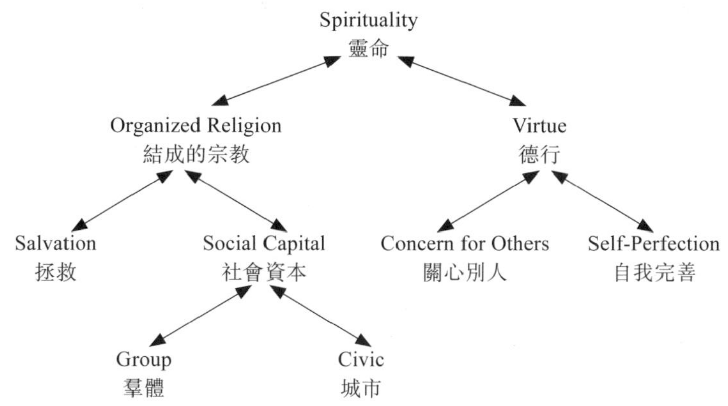

Pathways between Spirituality and Civic Engagement
靈命與城市關注間的途徑

靈命與城市關注究竟有甚麼關係呢？為了讓人有清楚的概念和理解，唐納利（Thomas M. Donnelly）特別提供了一個圖表（本書頁 47），清晰地臚列了兩者的關係。事實上，個人靈命的成長，可帶來生命德行（virtue）的提升，這種德行的提升，又可帶來兩種後果及發展，一種是自我完善（self perfection），另外一種是關心別人（concern of others）。當然，能兩者同時得以提升最為理想。[7]

結論是，良好的德行，不單關乎追求個人的完善，更追求愛人如己，亦即關懷別人。故此，社會參與是不可或缺的。良好的靈命與委身的社會參與，似乎沒有抵觸；反過來說，若只有努力參與，卻沒有良好的靈命，最後只能淪為個人理想的追求，與追求愛人如己，或叫上帝的旨意行在地上毫無關係。

二 兩條路線

承上所言，靈命的發展主要有兩條路線和目標：一、自我完善；二、關心別人；能兩者兼備，當然最理想。誠如柯克帕特里克（Patricia Kirkpatrick）所言：「在先知傳統中不可能只滿足於個人的成長，更是要為全世界，而不只是為小圈子追求公義、自由、和平」。[8] 然而，先知中實際上存在了兩條路線，現舉兩位先知，分別是約拿和拿鴻作為例子。為何揀選這兩位先知呢？雖然兩位先知處身不同的時期，約相距一百六十年，但是，他們都曾與亞述的尼尼微城相遇，這分別記載在約拿書及那鴻書。約拿書強調的是上帝的憐憫，臨到願意悔改的尼尼微人（拿四 10～11），而那鴻書強調的，則是上帝的公義，臨到不肯悔改、不斷行惡的尼尼微人。約拿書和那鴻書可以說是一個銀幣的兩面，清楚反映出上帝是一位既慈憐又公義的主。當細心閱讀，會發現兩位先知的靈修及靈命的路線有很大差異。顯然，發生在同一個尼尼微城，有兩位先知、兩段時期、兩種路線。下文將詳細討論這兩條不同的路線。

1. 約拿

在眾多的先知之中，約拿是較為人熟悉的，因為他的遭遇故事性很強，例如風浪、乘船、大魚、蓖麻樹等等。我們常有一種感覺，或許是錯覺，認為約拿是悖逆的，原因是他不願意聽從上帝的吩咐去尼尼微城，而是往相反的方向，乘船去他施。究竟他的靈修與靈命，又是怎樣的呢？

A. 約拿的靈修

約拿書二章記載了約拿在魚腹中的禱告，很有意思，可以理解為魚腹中的靈修。它一共分為五個不同的階段，依次排序如下：

1. 身體被困在大海之中，脫離了羣體(detached from public；二 3)；
2. 心靈仰望上帝的聖殿，卻獨處於深海之中(solitude；二 4)；
3. 雖然被困於危難之中，卻經歷上帝的拯救及同在(salvation from God；二 6)；
4. 在生命的盡頭，進入與主的密契中(intimate with God；二 7)；
5. 個人獨特地經歷了與上帝的團契(二 8～9)。

由此可以確認，約拿是在魚腹中——一個很適合安靜獨處的環境中靈修，而不在尼尼微城。

B. 約拿的靈命

約拿從魚腹出來後，就按上帝的吩咐，往尼尼微城，並且向城中的人宣告「尼尼微城必覆亡」的信息。這個宣告非常簡單，豈不就是上帝起初在約拿書一章已清楚表明的，即尼尼微城的惡已達到上帝面前嗎？然而，這並非上帝所樂見的結果。上帝的本意是要叫人知罪悔改。但是，當約拿宣告的時候，他的語氣、心情、意念，又是怎樣的呢？是為那城的人悲傷？抑或對他們心存憤恨？他最關心的又是甚麼？

尼尼微城是大城，到底有多大？約拿書說它有三日的路程。如何行呢？是直線而行？圍繞城牆而行？還是其他方法？[9] 據考古發現，尼尼微城的確是一大城，但面積只有約七平方公里。[10] 若只是要巡城一周，應不需要三日就可以完成。若真的用三日時間巡城，就表示要放慢腳步，行得很緩慢。而放慢腳步是有可能和需要的，因為關於尼尼微城的考古發現，該城的城牆有很多壁畫雕刻（relief；又稱浮雕），這些圖像與文字，記錄了歷代王朝的彪炳戰績、戰敗國的進貢、戰俘的處決、帝王的活動如狩獵等等。[11] 故此，要閱讀這城牆的一切，非要兩三日不可。然而，原本需要三日的路程，約拿卻只走了一日，便宣告四十日的大限。[12] 相對四十天的等候，約拿只用了一天的時間去宣告上帝的話，難免給人一種敷衍塞責的印象，或是一種草草了事的感覺。

約拿的禱告和行動，反映出他背後的動機——他不是為了拯救尼尼微城而宣告，甚至乎他不想見到他們真的悔改。他真正的目的，是因為曾經許了願，現時正是要償還之時。換句話說，他是為宣告而宣告，對尼尼微城沒有絲毫的感受。[13]

總的來說，雖然在魚腹禱告反省之後，約拿改變了，不再逃避，而是按上帝的吩咐，前往尼尼微城作出宣告。但是，他心中的期望，或者他行動的動機，只是為了達致自我完善(self perfection)，為了還願。同時，他只關注自己的預言會否實現，因為當尼尼微城全城戲劇性地悔改，他反而不高興，對城中的人沒有絲毫愛惜，不能體會上帝的心意，反而要上帝提醒他。

2. 那鴻

相對約拿來說，我們對先知那鴻較不熟悉，[14] 學者相信他就是那鴻書的作者。那鴻這名字在希伯來文意為「憐憫」或「安慰」。那鴻書三章8節提到挪亞們(No-amon)被擄掠，挪亞們是於主前六六三年被亞述攻陷的。[15] 當時，亞述國仍然存在，而且相當強盛(鴻一12)。亞述於主前六一二年亡於巴比倫。因此那鴻書的寫作日期，應該是在主前七世紀的六六三年與六一二年之間。[16]

A. 那鴻的靈修

有學者認為由於那鴻的故鄉是伊勒歌斯(Elkosh)，並相信這鄉鎮就在尼尼微城附近，[17] 故此，那鴻極有可能曾親身遊歷這城。事實上，書中的記載反映了那鴻對尼尼微，的確有深刻的認識。例如二章4至9節中，那鴻對尼尼微城的模樣和建設有很細緻的描述，其中提到其街道是寬闊的，有城牆、河閘及財富無數。[18]

除了這些描述，尼尼微城的考古發現，對我們認識先知那鴻時代的尼尼微城有很大的幫助。所謂的考古發現，主要是亞述巴尼帕王宮(Ashurbanipal's Palace)牆上的壁畫浮雕。[19] 科尼利厄斯（Izak Comelius）如此說：「這些浮雕展示了亞述的權勢和對敵人的殘酷刑罰，目的是為了傳播，讓人印象深刻，受威嚇和煽動。」[20] 有學者相信先知那鴻是被王宮城牆上的壁畫所震懾，並且有感而發，因而寫下那鴻書。換句話說，那鴻書是先知那鴻巡察尼尼微城之後，作出的信仰反省，亦即是他的靈修反省；而尼尼微城，尤其是王宮上的浮雕，就是他靈修的材料，他將尼尼微城的處境，轉化成他宣講的信息。

B. 那鴻的靈命

在那鴻書中，有幾處經文很值得留意（鴻一 14，二 3～4、9～10、11～13，三 3、8～11、15～17），與尼尼微城王宮牆壁上的浮雕有很緊密的關係，估計先知那鴻從這些作為靈修材料的浮雕中，對上帝產生感知。最後，他明白上帝的心意，作出反省和回應。

先知那鴻首先確認上帝將會承擔神聖戰士（Divine Warrior）之職。[21] 這相信是由於那鴻觀看了亞述戰勝以攔後虐待戰俘的浮雕，而作出了反思。他從上帝那裏得著啟迪，明白上帝是忌邪的神（鴻一 2～3），又是萬軍的神，因此，他大膽向亞述及亞述的神靈作出直接的指控和攻擊，要除滅他們和他們的偶像（一 14）。在浮雕上有文字記載：「某先生及某先生對亞述的神靈說出侮辱的話，他們的舌頭被拔出，他們的皮被活生生地剝掉。」這件事在亞述的編年史亦有記載。[22]

在第二章，先知那鴻講述尼尼微城遭戰禍（鴻二 3～4），指出進攻尼尼微的敵軍的威武，兵強馬壯，戰車在尼尼微城寬闊的街道上奔馳。雖然有學者認為亞述的敵人是巴比倫，但由於巴比倫的浮雕並沒有類似的描述，反而在亞述攻擊其他阿拉伯民族的浮雕中，可以清楚得見戰車和兵士的服飾。於是，有學者認為，先知那鴻因為看見了這些亞述攻擊其他民族的浮雕，而作出了反思，並在異象中看見，亞述將不再是攻擊的一方，反而是受攻擊的一方。這不是說要以其人之道，還治其人之身，而是上帝要為祂的子民爭戰。[23]

再者，先知那鴻還預言尼尼微城將被攻破。亞述在國勢全盛時期，軍隊所到之處所向披靡，在戰勝後，將敗方的金、銀、財寶搶掠一空。而在攻打底比斯（即挪亞們）後，亦不例外。亞述巴尼帕王便曾在浮雕上和文字上記載了所得的戰利品，即金、銀、寶石、王宮之物、衣服、馬匹、百姓、男女及兩座尖石塔等。[24] 於是，當先知觀看這些浮雕記錄時，他就想到亞述如何擄掠敵人，而同樣的命運，將會落在亞述自己身上（鴻二 9～10）。因為先知感知上帝是公義的主，祂必對惡人施行審判和報應。

先知那鴻借獅子來形容亞述。他不是惟一一位先知如此描述，以賽亞先知亦曾形容亞述為咆哮的獅子（賽五 29）。考古學家從尼尼微的遺址中，發現了當年人們飼養獅子的洞穴，而飼養獅子的目的，是為王作狩獵用。同時，人們在浮雕及文字記載中，亦發現亞述很喜歡將他們的王及戰士，描述為大能的獅子，或捕殺獅子的獵人。其中一個三層的浮雕有以下描述：上層的浮雕展示了由籠放出獅子，王用弓箭射殺之；中層浮雕展示兵士們引開獅子的注意力，王從後用手捉獅子的尾巴，表達出王的勇敢及強悍，能將之征服；下層浮雕展示王在四頭獅子的屍首上奠酒，目的是奉獻神靈。那鴻看見這些浮雕，並將主題逆轉，意思是說，當亞述形容自己是大能的獅子，先知卻反過來，將他們形容為被獵殺的獅子；當亞述王自誇為獵獅高手，先知卻反過來，將他形容為被獵殺的對象（鴻二 11～13）。因為先知感知萬軍的神必因惡人的罪行，施行審判和報應。

先知形容尼尼微為流人血的城（鴻三 1），相信是因為他看見了浮雕，上面描寫了亞述人的殘暴——他們將敵人刺穿、斬首、剝皮、拔舌；又有浮雕展示亞述兵士威迫敵人磨祖先的骨頭，又任由鷹啄死者眼睛等（三 3）。先知認為上帝不會對此不顧，在適當的時候，上帝會釋放這些被迫害的人，掙脱亞述的軛（一 12～13）。

先知那鴻諷刺尼尼微的敗亡，相信這是由於先知眼看王宮牆上的浮雕，描述了城牆堅固的建設，以及對挪亞們（底比斯）的搶奪而有的感慨和反應，指出尼尼微面對上帝的審判，也要如此敗亡（鴻三 8～11）。

先知那鴻以蛹子及蝗蟲比喻亞述，並非要指出他們數量之多，而是欲指出他們何等脆弱：在審判臨到之際，漫無方向，被驅散，最後消失得無影無蹤（鴻三 15～17）。這裏所説的蝗蟲的遭遇，正好也出現在王宮牆上的一幅浮雕中，相信是先知那鴻看到以後，有感而發寫下的反思。這浮雕描繪了亞述巴尼帕王在花園享受筵席，有很多食物、僕人，裝飾非常豪華氣派。浮雕旁邊掛著以攔王的首級，以金屬圈環繞。還有一細微之處，是整個浮雕最引人入勝的地方，就是有一隻飛鳥，將在棕櫚樹的蝗蟲啄去。將以攔喻作蝗蟲，而亞述是飛鳥，背後的喻意是亞述要像飛鳥般，將蝗蟲般的以攔除掉。[25] 先知又以其人之道，還治其人之身，取材浮雕上所見的蝗蟲來比喻亞述，喻意亞述最終必然消亡。

先知那鴻指責敵人的謊詐和強暴。為何他隻字不提以色列人的罪和要求他們悔改呢？他是否由於偏狹的民族主義，只在要求以眼還眼，以牙還牙呢？不是的，他看到猶大國受盡折磨，並宣告上帝會保護及釋放他們，為他們帶來復興(鴻二2)，也非常敏銳於其他國家的痛苦遭遇(一7～8)，因此他面對那些浮雕有感而發，作出反思和呼求。他不是呼求以殘暴血腥的行動來報復，而是堅信上帝是公義的。亞述人兇殘，也冒犯上帝的義，上帝作為一位牧者，同時又是萬軍的神，是一位神聖戰士，祂不會讓邪惡繼續蔓延下去，必會阻止和審判這些惡人。

先知那鴻認定耶和華是萬軍的神，是神聖戰士。他巡城時，藉著察看牆上的浮雕，看見亞述的兇殘和邪惡，於是向這些惡人宣告上帝的征討和刑罰。與此同時，他是在向以色列民及列國宣告上帝會施行拯救，給予安慰。而這一切感召，皆從他巡城開始。

三 比較、批判

我們有理由相信，約拿只用了一天時間巡城。他可能只看到尼尼微城的部分，也許，他不忍心或沒有耐心看下去。他的回應是甚麼？「再過四十日，尼尼微城必傾覆了」(拿三4)。而那鴻書卻有另一番截然不同的記載，當中提及，先知那鴻是在巡城後，並很大機會是在察看了王宮牆上的浮雕後，經過反思，從上帝那裏有所感知，因此寫下了那鴻書。

約拿一日巡城，只有一句信息：「再過四十日，尼尼微城必傾覆了。」那鴻巡城後，寫下三章經文(就是那鴻書)。為何兩者有這麼大的差距呢？最大的原因，可能是因為兩位先知的氣質、性格各有不同，反思時間、過程和領受亦有所不同。

先知約拿的靈修，是單獨地在魚腹中面對上帝，他的反省和感知的成果，大部分是有關他與上帝的關係，再次肯定他是蒙上帝憐愛的，他的決定就是要還願。約拿對上帝似乎很了解，因為他說：「耶和華啊，我在本國的時候豈不是這樣說嗎？我知道你是有恩典、有憐憫的上帝，不輕易發怒，有豐盛的慈愛，並且後悔不降所說的災」(拿四 2)。但可惜的是，他不願意接受上帝的決定，而且選擇按自己的心意離開，說：「所以我急速逃往他施去。」再者，約拿兩次發怒，都是按著自己的心意和道理，沒有理會上帝的心意和道理。即使最後，上帝以尼尼微城十二萬不能分辨左右手的百姓來打動約拿，叫他體會上帝的憐憫心腸，學習甚麼是愛神愛人，約拿仍然不願改變。

一位自以為認識上帝的先知，卻未能真正認識上帝。事實上，上帝希望約拿藉羣體或其他元素，對祂有更深的認識。可是，約拿似乎將信仰及其經歷「私有化」，或者說，他只關心自己的想法和表現，即自我完善。

相反，先知那鴻的靈修，卻是以城市為對象。他宣告尼尼微城的不公不義，宣告這城的滅亡。他不像先知約拿，為這城帶來戲劇化的轉變，然而，這只能說是上帝的命定。先知清楚知道這國家的滅亡已迫在眉睫，這完全是出於對上帝的了解。換句話說，先知了解上帝的屬性，並通過對尼尼微城的宣判，具體表現出來。當然，對尼尼微城而言，這完全是噩耗，然而，對以色列和其他國家而言，這是上帝公平公義的彰顯。先知信息很大程度上，與他對時局的分析、對約的熟悉，以及上帝特殊的感動及呼召相關。從靈修的角度而言，先知進入尼尼微城，閱讀這城，感應上帝對此城的審判。與約拿相比，那鴻更能關心身邊的人(concern of others)，包括亞述國、以色列人。

四 反省及對城市靈修的回應

根據以上有關約拿和那鴻兩位先知的靈修和靈命的論述，現歸納三點，作為對城市靈修的回應。

1. 從抽離到附屬

傳統的靈修教導，都是退隱或退修式。選取在安靜的地點和時間進行是無可厚非的，因為大多數人需要安靜的空間，與上帝建立個人的關係。但是，若只著重個人的層面而忘記了關懷社羣、抽離了社羣，那麼人對上帝的認識便可能有所缺乏，這將影響靈命的成長。約拿的靈修便是脫離人羣的：先是獨自一人在魚腹，即使進入尼尼微，亦只用一日的時間，然後就離開，獨自一人到城外觀看。他大部分時間選擇離開羣眾，故此對上帝的認識出現偏差，未能體會上帝所關心的。而先知那鴻與約拿最大的不同，是他自願進入城內，在人羣中閱讀那城，讓上帝引導他察看那城，並且作出反省。

2. 從自省到宣告

靈修不是只限於個人的修練和自省。可惜，約拿的靈修，只欲建立個人與上帝的關係，卻未能關心上帝所關心的。靈修不單要與上帝建立關係，更要關心別人與上帝的關係。那鴻對尼尼微城作出宣告，雖然沒有像約拿般為尼尼微帶來改變，但他所關心的，不只是自己與上帝的關係，更是他人與上帝的關係。如此，他的靈修不止於自省，更叫他體會和領受上帝的心意，向惡人宣告上帝要施行審判，他們必遭報應；而受逼迫的以色列和列國，必得著從上帝而來的安慰和釋放。

3. 從經文到經驗

一般而言，先知都熟讀摩西五經，是上帝與選民所立之約的守護者；並且，因為領受了上帝的恩寵，得到獨特經驗，理應與上帝關係親密，更能明白上帝的心意。可惜的是，先知約拿卻不是這樣。從他的行為反應可見，他似乎未能了解和掌握，或更確切地說，是不甚在乎上帝的心意和作為。他因為上帝對尼尼微的施恩及憐憫，而表現得抗拒和不接受；他最在乎的，是自己所作的毀滅的宣告會否成就。另一邊廂，先知那鴻卻有不一樣的回應，他願意按上帝的旨意而行，容讓上帝引領他深入其處身的環境，並與上帝對話，基於上帝的屬性和心意，向人宣講審判和釋放的信息。

註釋：

1. 盧龍光：〈序言〉，載《二千年靈修神學歷史》，彭順強著（香港：天道，2005）。
2. 譚沛泉：〈序言〉，載《平凡生活與靈修》增訂版，譚沛泉著（香港：道風山基督教叢林，2004）。
3. 譚沛泉：〈序言〉，《平凡生活與靈修》。
4. 依納爵：《聖依納爵神操》，房志榮譯（台北：光啟文化，1997），頁 1。
5. 譚沛泉：〈序言〉，《平凡生活與靈修》。
6. 依納爵：《聖依納爵神操》，頁 1。
7. Eugene C. Roehlkepartain, et al., eds., *The Handbook of Spiritual Development in Childhood and Adolescence* (Thousand Oaks, CA: SAGE, 2006), 241.
8. Patricia G. Kirkpatrick, "The Biblical Prophets and Global Spirituality," 載於網站 *The Way*，原文是 "The prophetic tradition, moreover, does not permit us simply to be content with our own personal growth. It challenges us to seek justice, freedom from oppression, and peace not only for ourselves and our small circle, but for the whole world... ," 參網址 http://www.theway.org.uk/

back/s072Kirkpatrick.pdf；瀏覽於 2014 年 12 月 22 日。

9. 若按人一天可行二十公里計算，三天就是六十公里；若以較全面及有效的方式行城的話，即先以直線，再以橫線，然後加上繞城一周，大約是一百四十四平方公里，估計覆蓋的範圍可能有一個半香港島的面積（香港島的面積約八十平方公里）。

10. Dan McLerran, *Saving Ancient Nineveh*，載於網站 Popular Archaeology，參網址 http://popular-archaeology.com/issue/june-2011/article/saving-ancient-nineveh；瀏覽於 2014 年 12 月 22 日。

11. Gordon Franz, *Nahum, Nineveh and Those Nasty Assyrians*，載於網站 Associates for Biblical Research，參網址 http://www.biblearchaeology.org/post/2009/05/Nahum2c-Nineveh-and-Those-Nasty-Assyrians.aspx；瀏覽於 2014 年 12 月 22 日。

12. 四十天是上帝給尼尼微城人的限期。這數字叫人想起，聖經中記載了很多事件都是用四十日為一個時段，例如，挪亞洪水四十晝夜、熏屍的常例四十天、摩西上山晝夜、探子前去又是四十天等等，故此，這可能是指一段頗長的時間。

13. 鮑爾文（Joyce G. Baldwin）指出約拿認為尼尼微是應該受到懲罰的，然而上帝卻接受他們的悔改，這反而使約拿大惑不解。Thomas Edward McComiskey, ed., *The Minor Prophets: An Exegetical and Expository Commentary* (Grand Rapids, MI: Baker Academic, 1993), 548。

14. 關於作者那鴻的資料不多，只知道他來自伊勒歌斯，但學者對這地方的確實位置，莫衷一是。McComiskey, *The Minor Prophets,* 765.

15. 挪亞們（Noamon）是希伯來文的音譯，意即「亞們之城」（city of Amon），是古埃及的第二重要城市；其希臘名是底比斯（Thebes）。

16. LaSor William Sanford, David Allan Hubbrad, Frederic Wm. Bush, *Old Testament Survey: the Message, Form, and Background of the Old Testament*, 2nd ed. (Grand Rapids, MI: Eerdmans, 1996), 318.

17. McComiskey, *The Minor Prophets,* 765.

18. 「車輛在街上（或譯：城外）急行，在寬闊處奔來奔去，形狀如火把，飛跑如閃電。」（鴻二 4）「尼尼微王招聚他的貴胄；他們步行絆跌，速上城牆，預備擋牌。」（二 5）「河閘開放，宮殿沖沒。」（二 6）「你們搶掠金銀吧！因為所積蓄的無窮，華美的寶器無數。」（二 9）

19. 現今存放於大英博物館，部分曾於二〇一三年在香港展覽，名為「美索不達米亞古文明展」。是次展覽後來出版成書，參香港歷史博物館編製：《探本溯源——美索不達米亞古文明展》（香港：香港歷史博物館，2013）。

20. Izak Comelius, "The Image of Assyria: An Iconographic Approach by Way of

a Study of Selected Material on the Theme of 'Power and Propaganda' in the Neo-Assyrian Palace Reliefs," *Old Testament Essays* 2 (1989): 55 ~ 74.

21. McComiskey, *The Minor Prophets,* 776 ~ 777.
22. Franz, *Nahum, Nineveh and Those Nasty Assyrians.*
23. Franz, *Nahum, Nineveh and Those Nasty Assyrians.*
24. Franz, *Nahum, Nineveh and Those Nasty Assyrians.*
25. Franz, *Nahum, Nineveh and Those Nasty Assyrians.*

靈修・社羣與社關

4

靈修與社羣：當基督教會遇上猶太會堂（以馬太的羣體為例）

褚永華

耶穌宣講上帝國度的道理，叫人悔改信福音，在短短的三年多時間，按福音書的記載，祂與門徒們在加利利、猶太各地的會堂，並許多城鄉裏，隨走隨傳天國的福音，到處傳道、醫病、趕鬼，最後在耶路撒冷被釘在十字架上，完成了上帝的旨意（可一 39，十 1，十一 1～10；太十九 1；路九 51；約十二 12～19）。綜觀耶穌一生的傳道生涯，腳踏於上帝賜給其子民的土地上，遊走於上帝所揀選的子民中，須臾未忘上帝所給予的使命，努力宣揚上帝國度降臨，勸人悔改信福音。換言之，耶穌一生的傳道區，只限於昔日的巴勒斯坦，即今天的以色列，東西寬度不過八十至一百零五英里，南北長度也只是一百五十英里左右的土地上。在這塊不超過一萬零三百三十英里的應許地上，[1] 耶穌以其生命，播下福音的種子，以其鮮血，培育落在好土裏的種子，更以其在十字架所成就的救贖，讓那些落在路旁的、土淺石頭地上的、荊棘叢中的種子，皆有一線生機。

按福音書的記載，耶穌到各處宣揚上帝國度的福音時，除了跟從祂的門徒之外，還有許多羣眾圍繞在祂身旁，看祂行神蹟、飽餐由神蹟而來的餅和魚、聽祂講故事（比喻）。這些人羣中或許有相信而且跟從祂的人，甚至有文士要求跟從祂（太八19～20）。既然耶穌最早期的聽眾多為猶太人，故此，推斷信耶穌及來跟從祂的人大都為猶太人，也是很合常理的。這不是說在馬太這個信仰羣體（本文說的「馬太羣體」是指閱讀馬太福音的原初信仰羣體）的信眾中，完全沒有外邦人的可能。其實，學者們早有推論，[2] 在馬太的教會中，信徒裏就有猶太人和外邦人。

當耶穌復活升天後，門徒繼續踐行耶穌的使命，在猶太人當中宣揚福音。但是當保羅在往大馬色的路上被上帝呼召，給予特別的召命之後，他便往外邦人中，即非猶太人中宣揚福音（徒九15～16，二十二21，二十六22～23；加一15～16）。福音的傳播在上帝的計劃中，有了嶄新的路向。在此之前，藉耶穌門徒的宣講，福音只集中在猶太人中傳播。但自從保羅被召之後，上帝國度的福音便藉保羅的宣教，在外邦人的土地播下福音的種子，在外邦的希羅文化中，產生轉化。當外邦信徒日漸增多，與猶太信徒相處的困難也日漸增加，在信仰生活的呈現、日常生活的行為，甚至食物的選擇方面，也多有摩擦，這便引發了在耶路撒冷開教會會議之舉，為要解決外邦信徒和猶太信徒中所存在的問題。會議結束時，教會定下了一些外邦信徒必須遵守的規則（參徒十五20）。同時，耶路撒冷教會的領袖，跟保羅和巴拿巴行右手相交之禮，訂立了各自的傳道對象：「⋯⋯叫我們〔即保羅和巴拿巴〕往外邦人那裏去，他們往受割禮的人那裏去」（加二9）。

馬太福音的經文卻呈現了在其信眾中另外一類的衝突，與上述因保羅的宣教而成為教會一分子的外邦信徒與猶太信徒之間的矛盾不同。馬太福音中的情況是：信了耶穌的猶太基督徒，與當時猶太教母體專奉妥拉（Torah）、在會堂聚會的信徒之間痛苦的分道揚鑣。[3] 本文以研究這羣體脱離母體的原因、離開母體後的信仰呈現、這羣信眾的靈性生活為主幹。在討論歷史性問題時，論者大都對經卷的作者、成書日期、成書地點等議題作一番論述。但基於本文重點在於透過馬太福音的經文，看馬太教會羣眾的靈性生活的呈現。因此，對這些歷史的問題，都只會作簡單的論述，不會長篇累牘、巨細無遺地詳加討論。

一 馬太福音歷史背景

不少學者都表示，在研究對觀福音書時，對一些研究方法必須存批判的態度；對所獲得的資料，尤其是歷史性資料，必要維持距離，多方小心求證，證據充分時方可從容結論。證據薄弱不足時，則不宜堅持。要知道聖經是立在信仰的基礎上，向有基督信仰者的叮嚀。故此，各種批判性的研究方法，必須加上信仰的向度，肯定信仰在聖經研究中的重要地位，才能使經文的意義呈現出來。[4] 這些忠告，在研究馬太福音時尤為適切。負責任的解經者，必須不斷提醒自己在釋經過程中的盲點和陷阱，尤其是在採用所謂的「折射讀釋」（mirror reading）方法時。[5] 在研經時，我們認為經文反映了當時的一些情況，諸如歷史及文化情況。但另一方面，當時的歷史文化又在在影響了經文的形成及鋪陳，二者相互影響著對方。故此，研讀經文時，有必要了解釋經者自身的限制，以免掉入陷阱。

耶穌的門徒馬太是馬太福音作者的說法，由早期教會帕皮亞傳統所記載。歷代以來，許多學者表示因尊重早期教會的傳統，而接納馬太為作者。[6] 但這個傳統的解釋及其所衍生的困難，令不少學者存疑。新的猜測也源源不絕地登上舞台，其中德席爾瓦（David A. deSilva）作了以下很有趣的推論：

> 我們可以假定馬太確實編寫了一份亞蘭文的言訓來源資料，記錄他作使徒的時候親身記下的耶穌教導。這些資料後來歸了馬太所創立和培育的羣體所有。有一位馬太的門徒使用他老師的資料，以及該羣體熟悉的其他耶穌言訓及馬可福音，編寫出耶穌的生平和教導，比起其他來源資料本身寫得都要完整。[7]

簡言之，馬太福音作者是誰，未能確定。[8] 按學者們諸多研究和推論，誰是作者的揣測答案，由被稱為利未的使徒馬太，到馬太教會羣體中無名的學員、門徒，或多個門徒，甚至外邦人，[9] 都榜上有名。作者若未能肯定為馬太，那麼，必定是出於一位與馬太關係密切人士的手筆。[10]

那麼，馬太福音成書的日期又怎樣？由主後七十年左右到一百一十五年都有學者支持。要確定確實的成書年代，是極其困難的事。馬太福音的作者並沒有在書中表示甚麼年代成書，因此要準確地提出一個年份，也是較困難的舉措。雖然如此，但學者們所提出最早可能成書的年份，和最遲可能成書的年份，這些推測的成書日期，離耶穌復活升天的年代，大體相隔四十至八十五年。這些年日上的差距，並沒有動搖學者們對馬太福音或其他福音書中所記載的資料的信心。[11] 再者，在現今聖經考古出土文物眾多、研究方法推陳出新的時代，對經文文本深入研讀的堅持，會發掘更多資料，幫助我們找出更成熟及準確的答案，使我們對經文有更深入的了解，對歷史性的資料能有更清晰的掌握。

這種學術研究不能肯定的議題，也包括了馬太福音成書地點的討論。成書地點之難於肯定，也是因為證據資料都是間接的：馬太福音是一本用希臘文寫成的書，讀者對象主要是猶太基督徒，他們很可能與猶太人(信奉妥拉傳統的非基督徒猶太人)，甚至與外邦基督徒一起聚居於城鎮中。[12] 若要符合語文(希臘文)方面、猶太人和外邦人聚居一起、發達城鎮等條件，在巴勒斯坦的文化、經濟、地理環境中，也有幾個很合適的選擇：皮拉(Pella)、該撒利亞馬利提馬(Caesarea Maritima)、推羅、西頓、亞力山太 (Alexandria)、耶路撒冷、撒弗利斯(Sepphoris)、提比里亞、敍利亞的安提阿等城鎮。[13] 這眾多選擇，以敍利亞的安提阿最受學者支持。儘管如此，學者們都以之為上上選的假設答案來對待，未敢以之作出十足肯定的理論來處理。

二 馬太的羣體(教會)

既然對馬太羣體的歷史處境有了一個初步概括的認識，以下則從經文著手，了解一下該羣體的社會情況，但這會是困難的，一定要步步為營。大多數學者都認為：馬太的羣體已經領會到，在當時已經與尊奉妥拉的猶太教母體，經歷了一個痛苦的分裂，他們的教會已經與會堂分裂了，而且累積的證據也是很具説服力的。[14] 學術界稱之為分道揚鑣(parting of the ways），即馬太福音中信耶穌的猶太基督徒，與信奉妥拉的猶太教徒，因前者接受拿撒勒人耶穌為彌賽亞，後者拒絕相信接受，基於這信仰上的嚴重分歧，最終導致教會與會堂各走各路，分道揚鑣。

分道揚鑣的事實在約翰福音中是很明顯的，[15] 可從下列幾段約翰福音的經文得知(約九 22，十六 2，十九 15)，而在馬太福音中，卻是較為含蓄的。

> 他的父母回答：「他是我們的兒子，生來就瞎眼，這是我們知道的。至於他如今怎麼能看見，我們卻不知道；是誰開了他的眼睛，我們也不知道。他已經成了人，你們問他吧，他自己必能說。」他父母說這話，是怕猶太人，因為猶太人已經商議定了，若有認耶穌是基督的，要把他趕出會堂。因此他父母說：「他已經成了人，你們問他吧。」(約九 20～23)

> 我已將這些事告訴你們，使你們不至於跌倒。人要把你們趕出會堂，並且時候將到，凡殺你們的就以為是事奉上帝。(約十六 1～2)

> 彼拉多……就在那裏坐堂。那日是預備逾越節的預備日，約在正午。彼拉多對猶太人說：「看哪，這是你們的王！」他們喊著說：「除掉他！除掉他！釘他在十字架上！」彼拉多說：「我可以把你們的王釘十字架嗎？」祭司長回答說：「除了凱撒，我們沒有王。」(約十九 13～15)

從約翰福音這三段經文可見，猶太人（尤其是猶太人的領袖，即有權柄的人）對信耶穌的猶太信徒嚴下驅逐令，務要將他們逐出會堂，並對他們橫加迫害，最後還逼彼拉多處決耶穌。

若約翰福音在第一世紀末已經成書，即表示在那時候，猶太人與猶太基督徒之間的關係已達白熱化的階段；將他們逐出會堂，並在生活中迫害他們，應是司空見慣的事。但在彼時的三十年前，馬太的教會情況又如何呢？許多學者強調，第一世紀七、八十年代的馬太羣體，日子已經不太好過了，教會與會堂已經不能共融，分手各謀發展已成定局。茲以下說明兩者間的矛盾和不滿。

1. 負面的描述

作者在馬太福音中表達了對猶太領袖，特別是文士和法利賽人強烈的不滿，經常將他們加以負面的描述。這些負面資料是其他福音書中少見的，單以馬太福音二十三章中記載法利賽人的七禍，已經耐人尋味，兩者間的隙罅是無法彌補的。以假冒為善來描述法利賽人，在馬可福音中只有一例（可七 6），路加福音中連一次也沒有，但在馬太福音中卻有十二例，單在馬太福音二十三章中就佔了六次。

有些法利賽人對耶穌表示友善，請耶穌一起吃飯，路加有兩則如此的記載（路七 36，十四 1）；路加甚至記載有幾個對耶穌非常友善的法利賽人，向耶穌通風報信，謂希律想要殺他（十三 31）。而馬太在登山寶訓結束時，就刻意以「他們的文士」來疏遠耶穌與猶太的領袖。[16]

另外一段經文是馬太福音九章 18 至 26 節，這是耶穌醫治睚魯女兒的故事。用「四福音合參」來研讀的話，馬太大幅度地修改了馬可相同的記載。在馬可的記載中，來求耶穌去他家中按手醫治其小女兒的，是一個會堂主管（可五22、35、36、38，《新漢語譯本》），名叫睚魯。但在馬太的記載中，卻將其名字隱藏起來，成為一個無名氏，更將其身分編修成一個普通的主管，與會堂沒有任何關係。再者，按馬太的記載，這位先生只是一個病女孩的父親，是一個普通得不能再普通的主管，與會堂一點關係也沒有。只有馬可稱呼他為管會堂的睚魯，將他帶入敘事世界。

為何馬太要這樣做呢？史丹頓（Graham N. Stanton）認為在馬太福音中，猶太宗教領袖總是與耶穌及其門徒有矛盾，故此，很自然地，馬太便要把這個主管與會堂的關係切斷。這樣編修後的描述，反映出文士、法利賽人，與耶穌、門徒之間的鴻溝，同時顯示了在馬太的時代，教會與會堂已經分道揚鑣，不相往還了。[17]

2.「他們的」會堂

馬太刻意將文士和法利賽人與會堂作一捆綁式的出現（太十17，二十三6、34），在經文中，文士總是被描繪得很負面，而且總是與會堂扯上關係。在四章23節、九章35節、十章17節、十二章9節、十三章54節（參《呂振中譯本》）等經節中，馬太總是巧妙地在馬可的底本上加上「他們的」會堂，讓讀者不期然地萌生一種親疏有別的情緒，就如「我們的教會」、「他們的會堂」，這講法會油然衍生一種「相互有別」的情緒。藉文字上的編修，馬太便在耶穌和門徒，與會堂之間，豎立了一排木柵，使雙方有了分隔，反映會堂和教會之間的割裂，但希望猶太人悔改接受耶穌為上帝兒子的期望，卻是殷切如常，須臾未忘(十6，二十八16～20)。

除上述這些經文外，馬太在其他三處地方也記載了有關會堂的情況（太六2、5，二十三6），但每次都將會堂投影在較負面的記述中。這些經文所呈現的情況，特別是從馬太的角度來看，會堂似乎已經淪為一個與樸實宗教生活很疏遠的地方，基督的跟隨者被勸告，千萬不要學那些會堂裏的文士和法利賽人。

3.「教會」一詞的出現

猶太會堂與教會遙遙相對，昔日一起在會堂裏守安息日的左鄰右里，現在卻因信仰上的分歧，互相對立，彼此割裂。眾所周知，在福音書中，教會一詞只出現在馬太福音中，且只有三次（太十六18，十八17中出現兩次）。換言之，除馬太福音外，其他福音書都沒有出現"*ekklēsia*"（教會）這個字。這個與會堂完全不同的教會，有其嚴謹的規章，比方說，加入教會時要奉父、子、聖靈的名施行洗禮（二十八19），也有聖餐禮（二十六26～30）。這些儀式告訴我們，在那個時代，馬太的教會已經有敬拜的禮儀（liturgy）。

透過一連串的經文（太八23～27，十四22～33，十八20，二十八20），馬太向當日教會中的信眾宣告上帝會與他們同在、與教會同行，正如昔日上帝與會堂及聖殿同在一般。在會堂中研讀妥拉、接受教導是至為重要的；但在教會中，耶穌的教訓卻處於至高無上的重要地位。雖然馬太不斷持續強調律法的重要性（五17～19），但聆聽耶穌的教訓，遵行耶穌權威的訓言，仍然是信奉基督者無可推卸的責任（七24～27），因為對教會來說，耶穌的教訓就是必須遵守的命令（二十八20）。

4. 拒絕者的命運

馬太在一些經節中，將那些拒絕耶穌的猶太人，用非常強烈的文字來表明他們暗淡無望的命運，這都在在表明在馬太的時代，會堂與教會間的分離決裂；上帝子民的地位，將要被上帝新的子民——教會——取代，這真是一個嚴酷且驚嚇的宣告。現將經文分列如下：

> 在耶穌醫治了那充滿驚人信心的百夫長的僕人後，耶穌説：「我又告訴你們，從東從西，將有許多人來，在天國裏與亞伯拉罕、以撒、雅各一同坐席；惟有本國的子民竟被趕到外邊黑暗裏去，在那裏必要哀哭切齒了。」（太八 11～12）

> 當耶穌講了一些對法利賽人非常不客氣的話後，門徒進前來對他説：「法利賽人聽見這話，不服，你知道嗎？」耶穌回答：「凡栽種的物，若不是我天父栽種的，必要拔出來。任憑他們吧！他們是瞎眼領路的；若是瞎子領瞎子，兩個人都要掉在坑裏。」（太十五 12～14）

> 耶穌講述一個兇惡園户的比喻，説到租園者將收果子的幾個僕人，連同園主的兒子都殺害了，園主要怎樣對付那惡園户呢：「要下毒手除滅那些惡人，將葡萄園另租給那按著時候交果子的園户……所以我告訴你們，上帝的國必從你們奪去，賜給那能結果子的百姓。」（太二十一 41、43）

這些經文都非常清楚地表明，猶太領袖們被上帝拒絕，葡萄園將從他們手中收回來，給那些能結果子的民。天國將要從猶太人手中收回，並將之轉賜給上帝所建立的新子民——教會。這些經文反映出拒絕耶穌的猶太百姓，與相信基督的信徒羣體，也就是會堂與教會間的分裂狀態。

5. 苦難中的靈性體現

在馬太福音行將經束之際，馬太記述了耶穌從墳墓中復活的插曲。其中兵丁回去將事情向祭司長報告，但祭司長和長老竟聯合賄賂兵丁，給以銀錢，叫他們散播虛假謠言：

>「……『夜間我們睡覺的時候，他的門徒來，把他偷去了。』倘若這話被巡撫聽見，有我們勸他，保你們無事。」兵丁收了銀錢，就照所囑咐他們的去行。這話就傳說在猶太人中間，直到今日。（太二十八 13～15）

這些虛假的言論，謂耶穌的門徒夜間來偷走耶穌的身體，是大祭司和長老們擅自編的，目的不單要令普羅大眾不再相信耶穌復活的信息，更要污蔑門徒的誠信，揑造教會信仰的偏差和錯誤。他們更揚言，若事發後情況有變，定會向彼拉多說項，更會保證他們在政治上的安全。這一連串的舉措，不單顯露猶太領袖的虛假及醜陋的面貌，更標示他們對基督信眾們的污蔑是何等無恥，對教會信仰，是一個致命的打擊。這具強大殺傷力的謠言，在第一世紀三十年代開始，流傳至馬太書寫馬太福音的時候仍未止息。這段經文及上面提出的一連串經節，都很明確地指出，那些不接受耶穌的猶太人與相信耶穌的信徒，在耶穌復活的信仰上是完全兩極化的，而馬太認為對方是錯的。因此，會堂與教會這兩個羣體，也是無法融合而分裂的。[18]

總的來說，馬太所屬的信仰羣體，因相信耶穌，並奉祂的教導為信仰生活的崇高指標，只要律法不直接與教會信仰相抵觸，他們會遵守妥拉，並以遵行比文士和法利賽人更高的義的行為為準則。[19] 在馬太寫馬太福音的時候，會堂與教會已經分裂，是各有所屬的羣體，但猶太人對教會信眾的迫害，也是無庸置疑的（太五 10～12，十 17～23，二十三 34、37）。

> 我差遣先知和智慧人並文士到你們這裏來，有的你們要殺害，要釘十字架；有的你們要在會堂裏鞭打，從這城追逼到那城……（太二十三 34）

信徒被捉上公堂、被審訊、被鞭打、被釘十字架……這一切都表明教會與迫害他們的猶太羣體，對立決裂。在這種無定的生活中，他們沉澱信仰的內涵，經歷上帝與他們同在的實在，在切身的苦難中，思考如何愛仇敵（太五 44）、饒恕（十八 21～22）、向普天下的人（包括猶太人和外邦人）宣揚上帝偉大無私的救贖和作基督門徒的要義（二十八 16～20）。若靈性／靈修（spirituality）是生活，則它不單是個體的生活，更是羣體的生活。馬太的信仰羣體，不就彰顯了這樣的生活？不就是靈性生活的具體呈現？

三 靈修生活

1. 靈修的定義

甚麼是靈修？這已經是一個老生常談的問題，但答案卻是人云亦云，莫衷一是。在二〇〇四年，靈修或靈性的定義已經超過一百個，十年後，定義的數目肯定增加不少。[20] 故此本文不打算在此為靈修找尋新定義，而是在現行的定義中，採納最能提醒、糾正、擴闊、延續華人信徒舊有傳統的定義，使我們一方面以之來研讀馬太福音，另一方面也可以豐富華人信徒的靈修傳統。

華人信徒的圈子中，傳統的靈修就是每天清晨坐在桌子前祈禱、讀經、頌唱詩歌、默想上帝的話語，並將上帝的話藏於心中，而且帶入生活裏，使之成為生活的指引。由此看來，華人傳統的靈修是靜態的、內化的、個人化的、規範化的。這樣的靈修習慣雖欠靈活，又偏向呆板，卻在華人教會中養育了多代信徒的靈命，栽培了萬千個委身信徒，將自己的性命投向青藏荒原，用鮮血滋潤大漠的乾涸，為要讓基督福音的道種，顆顆都落在上好的土壤中，有百倍的收成。愈淒苦的地方，他們的鬥志愈高昂。無論在大城小鄉，或窮鄉僻壤，他們都昂首闊步，以熱血吟唱著那震爍古今的歌曲：「十字架，十字架，永是我的榮耀……」在那遙遠的天際，那世界不配有的，卻是不可少的，那被人淡忘了的無名的傳道者，以其雄壯沉厚的歌聲在和唱：

弟兄們！

你們是無聲無臭的磐石，
你們也是攻打前鋒的尖兵！
你們是隱藏的教會的基礎，
你們是沒有勳章的英雄！
你們只知道默默地埋頭苦幹，

　　你們早已忘記了舒適、安樂、地位，和虛榮。

……

你們，

　　你們是無名的傳道者啊！

　　只有在被人遺忘的地方

　　才會發現你們的腳蹤……

沒有人留心曠野是如何地變成了樹林，

沒有人曉得樹枝是如何地結出了花果，

沒有人明白為甚麼沙漠裏盛開了玫瑰，

沒有人知道為甚麼荒地上流出了江河，

沒有人曾回想

　　福音如何地由歐洲傳到中國，

更沒有人追問司布真、路德、慕迪、宋尚節，

　　他們得救和奉獻的經過！

沒有人想到用墓碑去紀念你的功績，

因為，你們是無名的

　　　　　無名的傳道者！[21]

東西方無數為主擺上，無怨無悔地為主踏上任何工場的宣教士、傳道人、福音機構工作者，也就是那些無名的傳道者，他們都是如此靈修，被上帝的道和聖靈孕育，為上帝放下一切，擺上所有，奉獻一生，為主發光。靈修的定義雖多，舊的未必失效過時，新的未必效果顯著，無論甚麼方法，只要持之以恆，必有成效。

2. 靈修與生活

信徒在生活中與上帝相遇，也藉著生活與上帝相遇，故此靈修與生活，必須從關係性的向度來考量。[22] 因為靈修即生活，生活即靈修的緊密關係，我們可以從多方面思考，也就是思考馬太的信仰羣體的靈修與生活的呈現，同時也思考我們自身當下的靈修生活狀況。

湯馬士（Owen C. Thomas）接納其師田立克（Paul Tillich）的說法，認為靈性是一個人的所有層面，甚至連性的層面也包括在內。[23] 湯馬士同時也強調靈性生活是外在和內在的，因此包含了：個人的、內在的、羣體的、外顯的，且外顯必連結於生命每一個層面，包括自我意識、自我超越、記憶、期望、理性、創意、道德、理智、社會、政治、美感、宗教，自然也少不了文學、音樂、歷史等各個層面。[24]

湯馬士強調靈修即生活，生活有外在和內在兩方面，而且生活的接觸層面既廣泛又影響深遠。故此，他便從哲學、神學、倫理學等方面，探討靈修在各範圍內的特色和作用、長處和短處。[25] 他認為長久以來，教會重內在的靈性操練，因此投放大量資源，發展個人的、情緒的、家庭的事工，而放鬆甚或放棄了發展靈修的外在操練，如社會的、經濟的、政治的、文化的事工。[26]

總的來說，靈性的追求，靈修的操練，不應只重內在而犧牲外在。道成肉身的上帝既成為人，對物質世界沒有棄絕，為何教會又如此重內而輕外呢？換言之，靈性操練的外在彰顯，是教會長久以來所忽視的。故此湯馬士呼籲教會在靈性操練的生活和教育方面革新，除去偏差，活出內外兼備的整全靈性。[27]

3. 馬太羣體的靈性生活

馬太福音是一本洋溢著濃厚猶太氣息的作品，這種氣氛由讀者初讀馬太福音時，便會感受到。作者明顯將以色列的神聖經典，視為歷史中和猶太人生活中最高的指導權威，這由耶穌親口宣告的話可見：「莫想我來要廢掉律法和先知。我來不是要廢掉，乃是要成全。我實在告訴你們，就是到天地都廢去了，律法的一點一畫也不能廢去，都要成全」(太五 17～18)。經文隨處可見引用舊約預言應驗的論證範式，而且時常引用舊約，並對之作出新的應用(四 14～16 引用賽九 1～2；八 17 引用賽五十三章「僕人之歌」)。在用閃族用語時，並不附加任何翻譯——「拉加」(五 22)、「瑪門」(六 24)、“*korbanas*”(二十七 6，《和合本修訂版》譯為「血價」，可七 11 則譯作「各耳板」)，許多猶太人的習俗也沒有加以解釋，如吃飯前洗手(十五 2)、經文匣子(二十三 5)、安息日行程定規(二十四 20)。這些記載顯示了馬太福音的特色，並可以一窺當時馬太教會羣體的信仰面貌。

由上面的討論可以得知，馬太福音洋溢著猶太氣息，馬太的教會羣體在跟從耶穌的旅途中，對自己的信仰愈來愈清晰，因此對自我的身分認同也愈來愈明確。他們肯定自己是猶太人，相信並跟隨了耶穌。妥拉對他們來說是重要的，但耶穌的教訓卻是最高權威，他們更自稱信仰中的新子民，取代了拒絕耶穌的猶太人，因此與會堂的關係日差，並導致決裂，分道揚鑣。那邊廂的猶太人，面對第一世紀芸芸猶太基督徒的表白，開始時，會堂也曾不顧表述的差異而接納猶太基督徒來聚會，但當明白到自身信仰和對方的，有顯著差異時，將信耶穌的猶太基督徒逐出會堂，也是很正常的舉措。由此，會堂與教會便分道揚鑣，互相對立。會堂更逼迫信徒，無理控訴，捉上官府、橫打鞭韃等行為，無日無之。

在這樣的情況下，這樣一個基督信仰羣體，如何過其宗教生活？他們的靈性生活，無論是私下內在，還是公開外在的，又是如何呈現的？馬太在他所寫的整卷福音書中，將教會信仰的生活規章和教導井然有序地鋪排。若靈性生活是羣體/個體的內外兼修，書中的確教導基督信徒如何過跟隨主的門徒生活。

A. 馬太福音全書的鋪排

馬太福音全書中最令讀者觸目的，就是將耶穌說過的重要的信仰核心、教會規章等言訓，彙集成篇，並將資料分成五段，而且每段皆以「耶穌說完了這些話」作結（參太七28，十一1，十三53，十九1，二十六1；這些結語每句有些微差異，但分歧不大）。現將該等資料列出，可見馬太用心良苦。

第一篇：登山寶訓（五1～七42）
耶穌講完了這些話（七28）
第二篇：宣教訓言（十1～42）
耶穌吩咐完了十二個門徒（十一1）
第三篇：比喻集訓（十三1～52）
耶穌說完了這些比喻（十三53）
第四篇：教會生活規章（十八1～35）
耶穌說完了這些話（十九1）
第五篇：責備法利賽人/末世講論（二十三1～二十五46）
耶穌說完了這一切的話（二十六1）

這刻意的安排，將耶穌對這個羣體的生活準則、信仰要求、宣教規範、天國準繩、靈性要求、對會堂首領惡行的鑑戒，都匯聚一處，一目了然，便於信徒學習和遵行。馬太編寫馬太福音的創意，在此表露無遺，難怪馬太福音在早期教會中，如此受歡迎。在那個時候，跟隨耶穌的意思，便是要遵行祂的教訓。而耶穌在猶太人中，是一個不太受歡迎的角色，所以所有跟隨耶穌的門徒，都被猶太人定性為不受歡迎的人物，也是理應被懲處和嚴酷對付的。

掃羅曾向大祭司要文件，獲授權來對付、捉拿、迫害信奉這道的人（徒九 2，二十二 4，二十六 9～12），而且不久之前，他也參與了殺害司提反的暴行。保羅曾「也喜悅他〔司提反〕被害」，及在後來的自白中說道：「你們聽見我從前在猶太教中所行的事，怎樣極力逼迫殘害上帝的教會。我又在猶太教中，比我本國許多同歲的人更有長進，為我祖宗的遺傳更加熱心」（加一 13～14）。他又表白道：「⋯⋯就熱心說，我是逼迫教會的⋯⋯」（腓三 6)。保羅這些言論反映出，迫害基督的跟隨者是對律法忠誠，對祖宗的遺傳熱心，也可說是一種宗教行為，更是一種屬靈的行為。由此可見，保羅當時的行動，代表了他內在私人化的屬靈經驗。這種態度不單是保羅在大馬色的經驗之前的個人行為心態，更可能是猶太教信徒的屬靈理解。[28]

B. 完成律法和更高的義

由前面關於馬太福音的五個大段落中可見，耶穌教導的內容，都以羣體「你們」為領受教導的對象，登山寶訓如是（太五 1、12、21、27、33、38 等），宣教訓言如是（十 5），比喻集訓如是（十三 1～3），教會生活規章如是（十八 1），責備法利賽人/末世講論也如是(二十三1，二十四1、20)。這領受教導的教會羣體，就某些教導來看，似乎是個人的靈性或宗教生活的表達，如起誓、姦淫等。其實，這些是馬太羣體或教會的靈性外在彰顯的途徑，就如耶穌所說：「莫想我來要廢掉律法和先知。我來不是要廢掉，乃是要成全」(五17)。馬太教會中的個人或全體信徒，都應該在生活中踐行這些屬靈素質，讓其成為跟隨耶穌信徒的個人特質，更是全體信徒或教會的標記。再者，這就是基督徒的義，超越法利賽人的義的屬靈生活的要求和標準。

甚麼是「成全律法」？如何理解「你們聽見有話說……只是我告訴你們」(太五21、27、33、38、43)？兩者有沒有相關之處？博克(Darrell Bock)曾對耶穌所表達的立場作出如下強調：「……殺人不是重點，怒氣才是重點；姦淫不是重點，情慾才是重點；離婚不是重點，在上帝面前的委身及與上帝配合才是重點；起誓不是重點，尋求和平為目標才是重點；恨你的仇敵不是你的目標，愛你的仇敵才是目標。在所有的教導中，耶穌積極堅持信徒要回應的行動，絕不是出於人類自然的反應，祂要求門徒堅持靈性生活操守，樹立一個活的標準，是一個超越世界的標準。」[29] 馬太教會的信徒的靈性生活被如此挑戰，上帝要求的，是羣體的、公開的、超越平常標準的不平常標準。

C. 愛仇敵

馬太的教會既處身在與猶太教母體分裂的痛苦中，同時被會堂的不公苦害，被其殘酷逼迫，因而心靈悲痛。對一羣在這樣的處境中的信徒，馬太以耶穌那叫人難以實行的教導挑戰羣眾：「人若因我辱罵你們，逼迫你們，捏造各樣壞話毀謗你們，你們就有福了！」（太五 11）。「你們聽見有話說：『以眼還眼、以牙還牙』，只是我告訴你們，不要與惡人作對。」（五 38～39）「你們聽見有話說：『當愛你的鄰舍，恨你的仇敵。』只是我告訴你們，要愛你們的仇敵，為那逼迫你們的禱告」（五 43～44）。這些對自身的逼迫、仇恨，以及對敵人的愛和寬容等一反常態的表現，應怎樣理解呢，尤其是對馬太這個信仰羣體？潘霍華面對納粹德國及祕密警察對他的威嚇、嚴刑逼供、拷打盤問等酷刑的反應，最能作馬太信仰羣體處境的寫照，讓現代教會得以明白。

> 耶穌的跟從者為祂的緣故，放棄了一切個人的權利……依耶穌來看，報償惡的正當方法在乎不加以抵抗……克服邪惡的惟一方法，乃是聽任其自然止息，使它找不到所盼望的抵抗。因為抵抗只能產生更大的邪惡，有如火上添油而已。但當邪惡遇不到抵抗和障礙，乃只碰到容忍時，其勢就如強弩之末，最後反倒落在比它更強的對手中。當然這種事只有放棄最後的抵抗，並完全棄絕報復時，才會發生。因為到了那個時候，邪惡既找不到目標，又掀不起其他的邪惡，就會戛然而止了。[30]

以上乃以不報仇的心態，更以愛仇敵的手段，來對應仇敵的迫害，以遏止仇恨的增加和邪惡的滋生。為要達到如此的靈性生活境界，耶穌要求馬太的信徒實行一種超乎現實標準的超越標準，也就是超越法利賽人的義的靈性生活標準。這不單是對第一世紀末的馬太信仰羣體的挑戰，更是對二十一世紀初所有信徒的挑戰。

黑人民權運動領袖馬丁．路德．金（Martin Luther King, Jr.）在一篇演講中，詳述了以愛來消蝕敵人的策略。[31] 在他的文字中，讀者感受到他的決心和沉實，誓要排除萬難，以非暴力的方法，贏得公義和自由，同時也贏得那些加害於他們的人。他確信愛是具有救贖功能的，因為愛是建立、創造、救贖。[32] 他堅定地表示：「我們會以忍受苦難的能耐，對應你們橫加苦難的能耐；我們會以我們心靈的力量，對應你們肉體的力量。我們不會恨你，也不會遵守你們的惡法。你們可以任意妄行，炸掉我們的房子、恐嚇我們的孩子，但我們仍然愛你……我們會以忍受痛苦的能耐，來磨蝕你……在贏取我們的自由的同時，也贏得你們……」。[33]

在這個受後現代文化渲染的世界中，人拒絕了上帝，只環繞著自我而生活，不以上帝為中心，「這種生活的特徵是自以為義、自我中心、自我滿足、自我膨脹、推銷自我；相對地，它厭惡與基督聯合所需要的自我否定。」[34] 試問一個厭惡「自我否定」的人，如何放棄自我的權利，甘心以受苦來抵抗邪惡，讓邪惡如強弩之末，失去作用呢？信仰羣體又如何應對？這是對現代教會靈性生活的莫大挑戰。

D. 宣教與靈修

馬丁．路德．金將為黑人爭取民權的運動，看為其內在屬靈生命的外在彰顯途徑。[35] 現今教會對靈性追求那種外在的社會性彰顯的失調，周學信作出如下針砭：

> 我們對「門徒」的理解，常將社會實踐、政治關懷從

> 屬靈、敬虔的範疇中切割出來。基督徒強調「個人救贖」，也認知到必須發起社會結構的改革，然而兩者之間的關連常被忽略⋯⋯真門徒相信，屬靈生命和社會實踐乃一體之兩面，兩者相輔相成。屬靈的經驗可以持續推動實踐，增加動力，避免枯竭，並培養正直、憐憫及希望的特質。社會實踐提供屬靈操練的環境，改變世界的同時自己也得更新變化。再者，當個體漸漸改變的同時，周圍的世界也被改變了。[36]

靈修或靈性培育只重個人和內心，而忽略羣體和外在，這已是眾所周知的了。近年來，西方教會熱中於討論宣教與靈修神學之間的關係，[37] 一方面是基於不滿靈修神學之過度重內心活動而缺外展的向度，同時對宣教缺乏靈修向度而自覺不足；另一方面是希望將個人及羣體對上帝的愛，藉著宣教活動，具體由內至外傾注於鄰舍。如此，將基督教會信仰生活兩方面具體呈現，互相對話，作深入的討論，對教會的現狀作深刻的提醒。現時一般的說法是：靈修中沒有宣教的參與，則靈修是內向的、虛弱的；宣教中缺乏靈修來充實，那麼，宣教則欠缺異象及持久的動力。因此，我們應該鼓勵信仰羣體在宣教及靈修兩者之間，作更多思考，更多互通共融，使信徒充實的內在靈性，藉宣教行動彰顯在外，作更具挑戰的表達。這樣持續地行動，必能幫助教會信徒藉宣教參與來強化靈命，強化了的靈命也就更有動力推動宣教。如此，兩者互相依附、共融、互補，最終讓兩者朝更健康的方向成長。

早幾年曾在國外的聚會中，聽一位基督徒社會學家，鼓勵信徒不要只顧將家搬往近郊，而要搬入城中大部分破舊少人居住的地區，建立家園。以個人靈性由內至外的外顯動力，在城市宣教上，為上帝作美好的見證。

馬太的羣體被鼓勵要往各處宣教，並以基督的福音，征服黑暗的國度；以沉厚的靈性基礎，支撐行進中的天國；以愛仇敵之超越標準，將加害者帶到耶穌面前；以十字架上的愛，熄滅邪惡的火燄。

四 總結

馬太這個與猶太教母體撕裂的教會，雖然經歷由猶太人和會堂而來的逼迫和悲痛，但耶穌的教訓要求他們超越常規標準，以世人不能想像的生活模式和言行，見證十字架的大愛。愛仇敵，不報復，以宣教為天職，將人帶到主面前，使他們與福音相遇，也與受苦的主相遇。讓這個羣體的屬靈生活的展現，超越會堂遵奉妥拉者的，以及法利賽人的屬靈生活呈現。

靈性或靈修不單是靜態的內心及思想活動，如讀經、祈禱、默想、默觀等，更是外在動態的，如愛仇敵、宣教等。[38] 時下的教會及信徒，總為靈修定義多而不易選取某一種或多種方法來培養親近上帝的習慣而辯論不休，因辯論理性定義而放棄生活踐行，因噎廢食，使生命失去寶貴的屬靈資源，更以「甚麼是靈修?」、「事事皆靈修」而侃侃而談，沾沾自喜，殊為可惜。這種淡泊於靈修，與上帝關係疏離的後現代生活，與歷代以來那些追求渴慕上帝的信徒們的激情兩相比較，可說是與歷代以來的靈修傳統割裂，使生命處於枯槁乾涸之狀態。面對生命的困局，若只懂或只以理性（無靈性支援的理性）來解決問題，從未能以更高的義、超越平常標準的標準，來看待問題，如此的人生，與耶穌對馬太信仰羣體的要求，真有差天共地的分別，殊為可惜。

惟願所有基督教會、信仰羣體，在操練和遵行更高的義的屬靈進程中，一起經歷上帝的同在：

> 十一個門徒往加利利去，到了耶穌約定的山上。他們見了耶穌就拜他，然而還有人疑惑。耶穌進前來，對他們說：「天上地下所有的權柄都賜給我了。所以，你們要去，使萬民作我的門徒，奉父、子、聖靈的名給他們施洗。凡我所吩咐你們的，都教訓他們遵守，我就常與你們同在，直到世界的末了。」（太二十八 16～20）

註釋：

1. Barry J. Beitzel, *The Moody Atlas of Bible Lands* (Chicago: Moody Publishers, 1985), 23～24. 白素（Barry Beitzel）在這書中起初也訝異地表示，為何一塊自然資源那麼缺乏，備受氣候困擾而不太適宜居住，且地勢險阻、地理環境惡劣的地區竟然成為上帝所揀選，上演神聖救贖的龐大敘事的舞台呢？但從古代商旅交通孔道來看，他則了解到這塊土地，實為連結非洲、亞洲、歐洲惟一的洲際陸地橋樑，更可通過紅海連結印度洋，通過地中海接連大西洋。難怪這地自古以來都是兵家必爭之地，此地的政治、經濟、民生勢態的動或靜，在在都反映當時國際上的動與靜。
2. Graham N. Stanton, "The Communities of Matthew," *Interpretation* vol.46 no.4 (1992): 379 ～ 391; Ulrich Luz, *Studies in Matthew* (Grand Rapids, MI: Eerdmans, 2005), 243～261.
3. Stanton, "The Communities of Matthew," 379.
4. Donald A. Hagner, *The New Testament: A Historical and Theological Introduction* (Grand Rapids, MI: Baker Academic, 2012), 3～12.
5. John M. G. Barclay, "Mirror-Reading a Polemical Letter: Galatians as a Test

Case," *Journal for the Study of the New Testament* 31 (Oct 1987): 73 ~ 93.

6. R. T. France, *Matthew: Evangelist and Teacher* (Grand Rapids, MI: Zondervan, 1989), 77 ~ 80.
7. 德席爾瓦：《21 世紀基督教新約導論》，紀榮智、李望遠譯（台北：校園書房，2013），頁 263 ~ 264。Hagner, *The New Testament,* 193 ~ 196 也有類似的論述。
8. 按 France, *Matthew*, 79 ~ 80 中的說法，雖然學者們對誰是馬太福音的作者仍然眾說紛紜，未有共識，使徒馬太為作者的辯論持續，但法蘭士（R. T. France）強調，作者問題並非信仰條文，而且，上帝權威性的話語，並不因其作者之不能肯定，甚或無名之作而失去能力。
9. Scott McKnight, "Gospel of Matthew," in *Dictionary of Jesus and the Gospels,* ed. Joel B. Green, Scot McKnight, I. Howard Marshall (Downers Grove, IL: IVP, 1992), 526 ~ 528.
10. Hagner, *The New Testament*, 194, 215 ~ 217.
11. Craig L. Blomberg, *Making Sense of the New Testament* (Downers Grove, IL: IVP, 2003), 23 ~ 28; Graham N. Stanton, *Gospel Truth? New Light on Jesus and the Gospels* (Valley Forge, PA: Trinity Press International, 1995), 49 ~ 62.
12. Hagner, *The New Testament*, 214 ~ 215.
13. Hagner, *The New Testament*, 214 ~ 215.
14. Graham N. Stanton, *A Gospel for a New People: Studies in Matthew* (Louisville, KY: Westminster/John Knox Press, 1993), 113 ~ 145.
15. John McHugh, "'In Him was life': John's Gospel and the Parting of the Ways," in *Jews and Christians: The Parting of the Ways A.D. 70 to 135*, ed. James D. G. Dunn (Grand Rapids, MI: Eerdmans, 1999), 123 ~ 158.
16. 按照四福音合參，馬太福音七章 29 節的平行經文是馬可福音一章 22 節：
    - 耶穌講完了這些話，眾人都希奇他的教訓；因為他教訓他們，正像有權柄的人，不像他們的文士。（太七 29）
    - 眾人很希奇他的教訓；因為他教訓他們，正像有權柄的人，不像文士。（可一 22）

    從編修鑑別法（redaction criticism）的角度來說，是馬太用馬可的經文為底本，在文士一詞之前加上了「他們的」。這個修動，便產生了與馬可福音文本迥然不同的效果。馬太巧妙地使耶穌與文士之間，因加上了「他們的」而生出疏遠感。同時，這修動又間接使教會信眾與會堂的領袖間，也隔著一重厚厚的幔幕，瀰漫著生疏的氣氛。
17. Stanton, "The Communities of Matthew," 383.
18. Luz, *Studies in Matthew*, 58 ~ 60.

19. Stanton, *A Gospel for the New People*, 244 ~ 246, 300 ~ 301.
20. Lucy Bregman, "Defining Spirituality: Multiple Uses and Murky Meanings of an Incredibly Popular Term," *The Journal of Pastoral Care & Counseling* vol.58 no.3 (2004): 157.
21. 邊雲波：《獻給無名的傳道者》。
22. 若要涉及靈修生活及文化層面的議題，請參趙崇明：〈靈修神學與俗世文化〉，載《靈性的光輝》，靈根自植編委會（香港：靈根自植國際網絡，2012），頁 176 ~ 180。文中趙崇明表示：「真正的屬靈操練反而需要透過投入日常生活和參與俗世文化方能實現。」（頁 176）。
23. Owen C. Thomas, "Some Problems in Contemporary Christian Spirituality," *Anglican Theological Review* vol.82 no.2 (March 2000): 268.
24. Thomas, "Some Problems in Contemporary Christian Spirituality," 267 ~ 281.
25. Owen C. Thomas, "Interiority and Christian Spirituality," *The Journal of Religion* vol. 80, no. 1 (Jan 2000): 41 ~ 60.
26. Thomas, "Interiority and Christian Spirituality," 58 ~ 59.
27. 湯瑪士在全文中（"Interiority and Christianity Spirituality"）都表達了靈修應內外兼備，卻主張以「外在」的為優先立場，這個說法在該文頁 42 表達得最清楚。他為這立場提供哲學論據，特別以維根斯坦的說法來支持以「外在」養「內在」，「外在」是「內在」之根本等看法。這說法固有哲學的論據，或許因為教會長期忽略「外在」，故而將重視「外在」的立場，放在如此高的位置上。除此之外，他所主張的內外兼備的靈修觀念，仍是正確可取的。總言之，靈修在外顯的、羣體的向度，是當今教會應多加思考的。
28. 猶太教徒對信耶穌的猶太人的逼迫，學界多有辯論，但總的來說，逼迫的事實是抹殺不掉的，但逼害的深度和廣度卻眾說紛紜，由猶太人的逼迫只針對那些參與宣教活動的猶太基督徒，到所有普通猶太信徒都在受迫害之列的說法都有。參 W. H. C. Frend, *Martyrdom and Persecutions in the Early Church: A Study of Conflict from the Maccabees to Donatus* (Grand Rapids, MI: Baker, 1981), 79 ~ 103, 178 ~ 209; Douglas R. A. Hare, "The Relationship Between Jewish and Gentile Persecution of Christians," *Journal of Ecumenical Studies* vol.4 no.3 (June 1967): 446 ~ 456; Graham N. Stanton, *A Gospel for a New People*, 159 ~ 160。
29. Darrell L. Bock, "Embracing Jesus in a First Century Context: What Can It Teach Us About Spiritual Commitment?" *Journal of Spiritual Formation & Soul Care* vol.3 no.2 (2010): 129.
30. 潘霍華：《追隨基督》，鄧肇明、古樂人譯（香港：道聲，1965），頁 123 ~ 124。

31. Martin Luther King, Jr., " Love Your Enemies, " *The Journal of Religious Thought* vol.27 no.2 (Summer 1970): 31 ~ 41.
32. King, " Love Your Enemies, " 37.
33. King, " Love Your Enemies, " 39.
34. 衞爾斯：《孤獨的神 —— 後現代的福音派信仰危機》，呂素華譯（香港：天道，2003），頁 32。
35. 周學信：〈屬靈生命的代價 —— 馬丁路德．金恩二世〉，載《靈性的光輝》，靈根自植編委會（香港：靈根自植國際網絡，2012），頁 46 ~ 66。
36. 周學信：〈屬靈生命的代價〉，頁 48。
37. Roger Helland, Leonard Hjalmarson, *Missional Spirituality: Embodying God's Love from the Inside Out* (Downers Grove,IL: IVP, 2011). L. Paul Jensen, *Subversive Spirituality: Transforming Mission Through the Collapse of Space and Time* (Eugene, OR: Pickwick, 2009).
38. 因篇幅關係，未能選取及研讀登山寶訓中其他有關靈性外顯的經文，諸如施捨（太六 1 ~ 4）、禱告（六 5 ~ 14）、禁食（六 16 ~ 18）、饒恕（十八 15 ~ 35）、作門徒（二十八 16 ~ 20）等；同時亦未能就靈性外顯於經濟、政治、文化領域中的呈現作出探討。

5

從使徒保羅的觀點看靈修、靈性與社會關懷

梁俊豪

一 引言

「靈修」與「社關」(即「社會關懷」)是現代基督徒的關注，但在保羅書信裏，有沒有相關的概念或教導？要解答這問題，我們先要定義何謂靈修、靈性和社關；然後，我們要進入保羅時代的希羅社會脈絡中，了解當時宗教生活的個人與社羣之間的關係，藉此突顯保羅的相關教導有何獨特之處；最後，我們嘗試探討保羅倫理教導的修辭手法，在保羅的思想中，尋求由靈性到社關的路徑。

二 靈修、靈性踐行與靈性

一般教會相當重視信徒的「靈修」生活，鼓勵信徒每天祈禱、讀經或默想，以達致親近上帝的目的。這種靈修生活的形

式，雖然是靜態活動，但要求信徒忍耐，依從既定規律刻苦實行，故此亦有人稱此活動為「做靈修」。不少教會認為信徒做與不做靈修，反映他們與上帝的關係的親密程度，是他們靈命的寒暑表，且是一種值得稱讚的功德(merit)。

正因靈修在教會中漸漸成為「屬靈人」的身分標記，而且教會傾向把信仰表達規範在私人層面，缺乏公共關注，不少信徒嚮往另一種較抽象的、超越外在行為的信仰表達，既能保存個人與神性領域的連繫，亦具有對應生活各層面的開放性，這種信仰表達稱為「靈性」(spirituality)。按照社會學家伍思諾(Robert Wuthnow)的定義，[1] 靈性是「與神性、超自然或超越現實層次有關的存有狀態，又或是對超越日常生活經驗的超現實的感應或意識」。靈性有別於基督教信仰的理性層面(例如教義、教會建制)，它是一種「存有狀態」，是「感應或意識」超驗領域。靈性沒有靈修中墨守儀式的成分，而是強調在上帝面前歸回真我。用坊間流行詞彙表達，若靈修是"doing"，靈性就是"being"。因此，一些對教會體制、教義、教會生活感到疏離的信徒，會感到追求靈性比追求靈修，更加回歸本源，更具廣泛性和整全性。對部分人而言，靈修帶有苦修主義和律法主義的傾向，對他們是一種壓制多於釋放。

靈修與靈性兩個觀念是否互相對立？按照伍思諾的分析，靈修只是「靈性踐行」(spiritual practice)的其中一種形式，靈性踐行還包括：(1)深化和豐富信徒靈命的活動，例如參與團契生活、小組查經、退修營、閱讀宗教書籍、修讀神學課程等；(2)表達或演繹靈性經歷的活動，例如藝術創作和表演；(3)受靈性經驗感召而衍生的行動，例如服務人羣、在職場上活出美好見證等。[2] 靈性踐行是刻意從事有助信徒提高靈性醒覺，深化和豐富個人靈命的活動。[3] 靈修不是靈性培育（spiritual formation）的全部。教會著重靈修時，需要留意有否同樣重視信徒的靈性醒覺，還是有意無意把靈修，由原本的手段變成終極目的，或是變成信徒在信仰羣體裏，個人成就和地位的身分標記。

三 靈性與社會關懷

除了靈修，靈性踐行的其他形式，對信徒的靈性造就也是相當重要的，尤其是社羣向度的靈性踐行，例如服事和接待等，這反映出靈性的本質雖然是個人與上帝的縱向關聯，但必然衍生出人與人的橫向關懷。從福音書的觀點看，愛上帝與愛人是緊密連繫的，這正是耶穌對律法師的回答：「你要盡心、盡性、盡力、盡意愛主——你的上帝；又要愛鄰舍如同自己」（路十 27）。不過這種橫向關懷只延伸至「鄰舍」——即與自己屬同一圈子的人，並非明確包括信仰羣體以外的世界。靈性的社羣向度，在其他論述中有更廣的範圍，例如龔立人指出：

> 靈性至少有三層意義。第一，靈性是關乎人與上主的關係，而這關係是個人性的；第二，靈性必會將個人帶向對羣體的承擔和責任；第三，靈性是一份對宗教生活和宗教經驗反省的過程。[4]

此外，靈修作為提升靈性醒覺的靈性踐行，也具有行動和社羣向度。沈宣仁指出：

> 靈修不僅是個人對生命主的透視和讚頌，也是對羣體生活的關懷和回應。靈修的動力當然在於個人的生命深處，但決不能以個人生活為終點，否則是一種萎縮不健全的個人靈命。真正的靈修應該使我們對周遭的罪惡和人的需要更加敏感，而上帝的旨意也就在這個時候得以彰顯了。[5]

無論是「對羣體的承擔和責任」，還是「對周遭的罪惡和人的需要更加敏感」，都不完全等同今天一般人所理解的「社會關懷」。社會關懷即意識及關注社會的問題或不義之事，這種意識及關注，並不必然包括行動，這似乎是《洛桑信約》(Lausanne Covenant)第五條中所提及的「我們應當共同負擔起祂對人類社會的公義及和好的關注，以及對那些受各種壓迫的人的自由的關注」的含義。這種關注是否帶來行動，視乎我們如何理解文中接著提到的「勇敢地斥責」罪惡與不公正的事，以及「彰顯……傳揚」上帝的公義。[6] 若這種關注是帶來行動的，這些行動(或稱「社會行動」)有兩個層面：「社會服務」(charity)及「社會公義」(social justice)。社會服務是透過慈惠工作，改善社會問題，然而這是「治標不治本」的工作。受苦和壓迫來自不公平的社會制度，需要社會公義號召的改革。[7]

總括而言，靈修並非與靈性對立，而是與其他靈性踐行(如團契生活)一樣，目的是要讓信徒更醒覺到自身的靈性景況(即與神性領域的連繫)。不但如此，靈修與靈性同樣蘊涵社羣向度，這向度首要體現在信徒的團體生活之中，其次是延展至世界。靈性的社羣向度基本上包括關注社會問題，而行動層面可以是從事慈惠工作的社會服務，進深一層是期望藉伸張社會公義，改革社會制度，帶來更公平公義的社會。

四 希羅社會的宗教生活

現代人的靈性和靈修，與工作、家庭、社會等生活範疇，可以互不相干，以致信仰變得相當私人化。然而，在希臘羅馬社會，情況完全相反，宗教滲透生活各層面，靈性以禮制方式體現在羣體中。官方認可的宗教有不少節日、慶典、祭祀活動供市民公開參與，各神明的廟宇及雕像隨處可見。這些宗教活動不單是體育競賽和政治場合的重要元素，更是不少城市的重要收入來源。各種宗教活動中，尤以帝王崇拜的影響力最為顯著，羅馬皇帝的神聖尊榮（如反映在宏偉廟宇、雕像、建築、藝術品以至鑄有其肖像的錢幣）無處不在。[8] 在希臘城市的多神文化中，不單人生大事（如生育、死亡、婚姻、醫治）有不同神明管轄，即使是日常生活各範疇（如遠行、家居防盜、娛樂），也有各種祭禮，以求神明保佑。[9] 每戶家庭以其爐灶女神赫斯提亞（Hestia）為家庭生活的中心，因為全家煮食、用膳和取暖都圍繞這爐火。[10] 同樣在羅馬社會中，家居前室當眼處設有神龕（*lararium*），由一家之主代表全家，向祖先及家庭的守護神禱告及祭祀。羅馬家庭的宗教生活並非純粹的私人活動，因為神龕的位置、規模和裝飾，反映它是向外人宣示家主的虔誠以及榮譽的符號。不同行業亦有相關的守護神，同業會社的祭祀儀式並非為表達個人敬虔，而是在國家及家庭制度以外，給予平民建立社交網絡和獲取榮譽的機會。

然而，希羅社會的普羅大眾面對不可知的將來時，內心亦會產生無助感。他們渴求得到神明個人化的幫助，藉神諭、問卜、星相、巫術等方法預知未來，趨吉避凶。例如公元一世紀埃及出土的一份蒲草殘篇，記載了一位母親向塞拉匹斯（Sarapis）求問，她的兒子與其妻子應否反對父親當初要他們訂立婚約，[11] 可見當時一般人面對個人重大抉擇時，不會視宗教純粹是社羣生活的表面儀式，而是迫切地尋求神明指引。除此以外，非官方的神祕宗教亦吸引嚮往心靈滿足的人參與，這些祕密會社有嚴格的入會要求，神祕的入會儀式讓新成員感受到舊我已死，現今經歷如重生的救贖，深刻體會自己是少數被選上與神明有特殊關係的人。神祕宗教的成員得到的不是知識，而是宗教經驗，以及特殊的心靈狀態。[12] 阿普留斯（Apuleius）的小説《金驢傳奇》（*The Golden Ass*）記載了他被伊西斯女神（Isis）接納入神祕宗教的愉悦經驗：

> 我當時走近了地獄……穿越所有天界，我被眼前的一切深深吸引住了；最後，我又再次回到我原來的地方。約在半夜的時候，我看到日頭彷彿正午般明亮地照耀著，所有在天上的和在陰間的神明我都看見了，我恭敬地將自己呈獻在他們跟前，向他們敬拜。[13]

希羅社會的宗教制度與其他制度（如家庭、政治、經濟等）互相緊扣，以致宗教生活（或靈性踐行）是高度集體化的。個體會為所屬的羣體謀福祉，亦會追求個人利益，但一切都以所屬羣體的觀點為自我價值的依歸，以該羣體的認同和讚譽為人生的最高目標。於是，宗教的社羣向度只限於這種賺取榮譽的關係，社會普遍缺乏利他主義的思想，憐恤和仁愛是得不到社會鼓勵的品德。結果，社羣中常出現互相比較、爭奪榮譽的情形。在這社會脈絡下，難以發現現代意義下的靈性生活，個人與神明的連繫亦趨功利主義和交易關係。

五 保羅書信中的靈修與靈性

1. 靈性與聖靈

聖靈在保羅的神學中有相當重要的位置，因為聖靈彰顯是終末開展的明證（聖靈是「初熟果子」〔羅八 19、23〕及「憑據」〔林後一 22，五 5；弗一 14〕），並且上帝賜聖靈給凡相信耶穌的外邦人，說明上帝向亞伯拉罕應許的，已經實現（加三 8、14）。[14]

要了解保羅書信有沒有關於「靈性」和「靈修」的內容，關鍵是先要釐清在現代人的理解中，這兩個詞彙的「靈」，是指人的靈（或稱「心靈」，即「人」的非物質部分），還是上帝的靈。靈修作為靈性踐行之一，顯然是針對心靈的培育。其次，靈性作為對神性領域（或稱「靈界」）的感應和意識，也同樣以心靈為中心，雖然這種意識或存有狀態假設了「靈界」的存在，以及人可以與「靈界」聯繫。換言之，靈性醒覺之途，心靈是主，靈界是客。靈修或其他靈性踐行是心靈的修練，而靈性可視為心靈對靈界現實的醒覺程度，這種醒覺並不假設靈界會向人啟示有關靈界的事物，或介入人間事物或人的心靈。

然而，在保羅書信中，「靈」（πνεῦμα, *pneuma*）這名詞大多數是指上帝的靈，共超過一百二十次，只有約十九次是指心靈。[15] 形容詞「屬靈的」（πνευματικός, *pneumatikos*）共二十四次，除了以弗所書六章 12 節，其餘均指與上帝的靈有關的事物，包括擁有聖靈或受聖靈影響的人（林前二 15，三 1，十四

37；加六 1）、來自聖靈的恩賜（林前十二 1，十四 1；羅一 11）或泛指從聖靈而來的事物（如教導、福氣等，參林前二 13，九 11，十五 46；羅十五 27；弗一 3）。[16] 保羅亦用了十三次「靈魂」（ψυχή, *psuchē*，或譯作「自我」、「本性」或「生命」）來表達人的非物質部分，但這字傾向指人的生命氣息，「心靈」（πνεῦμα, *pneuma*）則指人與上帝接觸的向度。

從保羅的用字可見，他視上帝的靈為宗教經驗的主體，相比之下，人的心靈是較被動的，是領受主恩（加六 18；腓四 23；門 25 節）、與主契合（提後四 22）和得蒙保守的一方（帖前五 23）。然而，在保羅的觀念中，心靈的角色並非完全被動，例如他呼籲信徒皈依基督後要重新做人，要「心志改換一新」（弗四 23），其中「心志」的字面意思為「心思之靈」（參《呂振中譯本》），即人內在非物質的部分，與心靈同義。這種心靈的更新，就是穿上新人，是按著上帝的本性（公義和神性）被造的（四 24），以致能在個人品格和人倫關係上都有所改變（四 25 ～ 32），這正是上文提及的靈性踐行，以致人擁有與上帝相似的特質。

2. 聖靈的關鍵角色

在心靈的更新過程中，上帝的靈起了關鍵作用。首先在認知屬上帝的事物上，上帝的靈具有決定性地位，因為「除了上帝的靈，也沒有人知道上帝的事」（林前二 11 下），這是保羅靈性觀的核心命題。哥林多信徒以為說方言代表終末已經完全來臨，自己是活像天使的屬靈人，擁有超脫的屬靈智慧和知識。保羅強調惟有領受上帝的靈，才是真正的屬靈人。說方言的人是「藉聖靈」對上帝說各樣的奧祕（十四 2），同時又是他的心靈在禱告（14 節）。惟有上帝的靈在工作，人的心靈才能回應和接觸上帝。另外，以弗所書四章23至24節所提及的「心靈更新」以致人能擁有似上帝的特質（公義和神性），其實亦是由於上帝的靈使然，因為信徒仰望主的榮光，「就變成主的形狀，榮上加榮，如同從主的靈變成的」（林後三18下）。

同樣地，哥林多信徒以為藉浸禮和聖餐兩個禮儀，可以保護自己免受拜偶像和淫亂等罪惡影響（林前十1～13；另參一14～17，十五29）。就洗禮而言，保羅指出不同信徒「都從一位聖靈受洗，成了一個身體，飲於一位聖靈」（十二13）。而昔日以色列人的祖宗在出埃及時，與當日哥林多信徒一樣受過洗，「並且都吃了一樣的靈食，也都喝了一樣的靈水」（十3～4上）。兩段分別針對浸禮和聖餐的經文，都強調兩個禮儀作為靈性踐行的重要部分，同是出於聖靈，並且兩個禮儀都是以飲和食作為圖像，表明聖靈藉這些禮儀滋養信徒的生命。

保羅書信其他經文亦說明上帝的靈對信徒的靈性踐行，具決定性作用。例如保羅描繪信徒經歷靈性生命的改變，是始於領受「兒子名分的靈」（羅八12～15上，《和合本修訂版》），以致信徒可以呼叫「阿爸！父！」（八15下；另參加四6），這過程是「聖靈與我們的心（原文是「靈」）同證我們是上帝的兒女」（八16）。事實上，祈禱作為靈性踐行，也是在聖靈幫助下發生的，因為「我們本不曉得當怎樣禱告，只是聖靈親自用說不出來的歎息替我們禱告」（八26）。保羅又提及信徒彼此教導，互相勸誡時，要「用詩章、頌詞、靈歌……歌頌上帝」（西三16），其中的「靈歌」，是指來自聖靈的歌，與被聖靈充滿有關（弗五19；另參林前十四15下），並且信徒是「以上帝的靈敬拜」（腓三3），敬拜時也「不要消滅聖靈的感動；不要藐視先知的講論。但要凡事察驗……」（帖前五19～21上）這反映敬拜中的先知講道，是來自聖靈的。最後，信徒的團體生活也要各人靠著聖靈而行（加五 16、25），因為「屬靈人」會關顧羣體中有過犯的人（六 1）。

3. 兩種靈性觀

以上例子說明保羅的靈性觀，與現代人所理解的靈性觀，有相似的基本結構，就是人的心靈要經過靈性踐行（包括浸禮、聖餐、祈禱、詩歌、敬拜、團契）以達靈性醒覺（例如認識上帝、與上帝契合、與上帝相似等）。但保羅的靈性觀與現代人的靈性觀，也有顯著的不同之處。首先，保羅認為靈性踐行的必要條件是上帝的靈的工作。上帝的靈在每一種靈性踐行中都處於先決位置。相比之下，現代人所理解的靈性觀，是以人的心靈為主體。其次，保羅提及的靈性踐行，是包含社羣向度的，例如屬靈人要「用溫柔的心把他（有過犯的人）挽回過來⋯⋯各人的重擔要互相擔當」（加六 1～2）；信徒間的合一也是來自聖靈的，應「凡事謙虛、溫柔、忍耐，用愛心互相寬容」（弗四 2）；靈性踐行的社羣向度，最清楚地顯示在屬靈恩賜的目的上，就是要造就教會（林前十四 1～5、26），使信徒得益（7 節）。「造就」（動詞為 οἰκοδομέω, *oikodomeō*；名詞為 οἰκοδομή, *oikodomē*）這字原本指建造房子的過程，而教會就是上帝的殿，有上帝的靈住在其中（三 10～17）。換言之，屬靈恩賜所帶來的靈性培育不是針對個人，而是整個信徒羣體。

六 保羅靈性觀與社會倫理：以愛心為倫理準則

靈性踐行的社羣向度背後隱含著一些倫理原則，其中以愛鄰舍為核心。保羅在哥林多前書十二至十四章回應教會屬靈恩賜的問題時（林前十二 1，十四 1），加插了關於愛的教導（十三 1～13）：惟有以愛心運用恩賜，才能真正使人得益處（十三 3；十四 6）。在這脈絡下，更大的恩賜（十二 31）就是先知講道，而非說方言，因為前者能造就教會，後者只造就自己。保羅以「順著聖靈而行」（加五 16、25）來表達信徒生活的道德要求，這亦表達耶穌成為贖罪祭的結果：「使律法的義成就在我們這不隨從肉體、只隨從聖靈的人身上」（羅八 4），而「愛你的鄰舍如同你自己」（《呂振中譯本》）就成就了律法（十三 8～10；另參加五 14），可見按聖靈而行與愛鄰舍有緊密的關係。

羅馬書十三章 8 至 10 節裏所說的「愛人」，是指信徒間彼此相愛（羅十二 10，十三 8 上；另參帖前四 9），具體而言，是要接納信心軟弱的弟兄（十四 1，十五 7）和不彼此論斷（十四 13）。在加拉太書中，聖靈的果子首要的特質就是愛（加五 22），引伸信徒要互相擔當重擔的教導，因為這亦成就了律法（六 2）。在哥林多前書中，愛有另一個層次的表達，就是為別人的好處，甘願捨棄自己的權利。保羅在第九章用自身的例子作為榜樣，期望哥林多信徒能顧及良心軟弱的肢體，節制自己吃祭肉的行為，並吩咐他們要效法自己，如同他效法基督（林前十 31～十一 1）。

到目前為止，我們看到保羅著重的靈性踐行的社羣向度，是以愛為倫理準則，而且只應用到信徒羣體中。這種踐行仍未超越信仰羣體與教外世界的界線，以致未能看到保羅從靈性踐行所引伸出來的倫理教導，與今天我們所理解的「社會關懷」有何關連。我們嘗試簡介保羅書信中倫理教導的三個基礎，以及其所反映不同程度的社羣向度，藉此探討保羅的靈性觀所引伸的倫理踐行如何進入人羣之中。

七 基於「自然之律」的倫理基礎

保羅以創造秩序及社會的約定俗成，作為倫理教導的基礎。希羅社會普遍接受的倫理準則，很大程度上並不違反早期猶太傳統以及初期教會的教導，例如父權社會的制度、家庭成員的關係、善行與惡行的對立、榮譽與羞辱的文化等。在保羅影響下的教會，處於外邦社會為主流的文化之中，保羅借這些基於「自然之律」（natural law）的倫理準則來鞏固信徒的行為，維持他們在俗世中神聖和潔淨的身分，更重要是避免教外人對教會產生誤解，以為他們是抽離社會的神祕組織，或是挑戰羅馬帝國政權的顛覆基地。

1. 以「家庭規章」為倫理準則

保羅在多方面運用這些自然之律為基礎的倫理理據，首先是「家庭規章」（household code），最詳細的經文是歌羅西書三章18節至四章1節，以及以弗所書五章22節至六章9節，其次是提摩太前書二章8至15節、五章1至2節、六章1至2節；提多書二章1至10節、三章1節。家庭規章強調家庭主要成員間的相互關係（夫／婦、父母／兒女、主人／奴隸），側重低下一方要順服在上的一方，而在上的要善待低下的成員。一家之主，即丈夫、父親、主人三者角色集於一身者，羅馬法律賦予他無上權力處理家庭成員的事。以家庭為城邦的重要組成單位，要著意處理家庭成員間的關係，是亞里士多德（Aristotle；《政治》〔*The Politics*〕1.1253b,1～14；1.1259b.18～29）以來，希臘化思想（包括斯多亞派〔Stoicism〕及希臘化猶太教）一直所重視的倫理價值。家庭規章對保羅的教會有特別的適切性，因為當時的外邦教會以家庭為聚會場所，一所教會可能由數個家庭組成，教會的問題反映了家庭成員間的問題。

2. 以「德行與惡行清單」為倫理準則

其次，保羅的倫理理據或修辭工具是「德行與惡行清單」（virtues and vices lists）。除了帖撒羅尼迦書信和腓利門書，保羅的所有書信都廣泛運用這種修辭工具。德行和惡行清單在古希臘文學中相當普遍，例如柏拉圖（Plato）的四大德行（公義、自制、勇氣、智慧，見《理想國》〔*Republics*〕4.426 ～ 4.435）及四大惡行（愚昧、縱慾、不義、懦弱，見《理想國》4.444a10 ～ b8）。保羅運用這類清單的目的，是要描繪不信世代的邪惡（羅一 29 ～ 31；林前五 9 ～ 11），並告誡信徒要遠離惡行，實踐善行（羅十三 13；林前六 9 ～ 10；林後十二 20；加五 19 ～ 23；弗四 25 ～ 32，五 3 ～ 5；腓四 8 ～ 9；西三 5、8、12）。這種修辭工具的操作，建基於古代社會的榮譽與羞辱文化，行善的獎償是讚譽，行惡的懲罰是蒙羞，藉此推動人行善，阻止人行惡。

3. 以「大眾觀感」為倫理準則

最後，保羅用作倫理游説的理據是訴諸大眾觀感。這理據與德行／惡行清單的原理相似，只是並非系統地列明各種行為，而是強調某些行為是一般人所接受或不接受的，藉榮譽與羞辱的力量改變信徒的行為。例如保羅呼籲信徒「凡是真實的、可敬的、公義的、清潔的、可愛的、有美名的，若有甚麼德行，若有甚麼稱讚，這些事你們都要思念」（腓四 8）。保羅又提醒信徒面對不信的人的質問時「要愛惜光陰，用智慧與外人交往……言語要常常帶著和氣，好像用鹽調和，就可知道該怎樣回答各人」(西四 5～6)。除此以外，保羅鼓勵信徒過自足的生活(帖前四 11～12；弗四 28)，因為這是當時社會欣賞的生活方式。反之，保羅責備哥林多教會有人與繼母同居，指「這樣的淫亂連外邦人中也沒有」(林前五 1)。保羅指出女人聚會時不蒙頭是不合宜，也訴諸一般人對性別特徵的想法：「你們的本性不也指示你們，男人若有長頭髮，便是他的羞辱嗎？」(十一 14)。

八 基於「挪亞之律」的倫理基礎

保羅提醒哥林多信徒不可與自稱是弟兄，卻仍「行淫亂的，或貪婪的，或拜偶像的，或辱罵的，或醉酒的，或勒索的」(林前五 11；另參六 9～10)人交往。這些惡行是讀者未信主前曾犯過的，反映保羅要把神聖和潔淨的信徒，從不潔的世界中區別出來。其中首三項惡行(淫亂、貪婪、拜偶像)正是哥林多前書五至十章中保羅要處理的教會問題，分別是五章 1 至 8 節，六章 12 至 20 節(淫亂)、六章 1 至 8 節(貪婪)、八至十章(拜偶像)。這幾項特別針對外邦人的惡行，在使徒行傳早已略略提及，就是在耶路撒冷大會後，教會領袖發給安提阿教會的信件，關於外邦信徒應否受割禮的問題，其中最後要求外邦信徒要「禁戒偶像的污穢和姦淫，並勒死的牲畜和血」(徒十五 20；另參十五 29，二十一 25)，這四項禁戒的事情只有兩項與哥林多教會的問題相同，但也反映當時猶太信徒相信，即使外邦人信主不用行割禮，但仍要遵守規條。

耶路撒冷大會後給外邦教會的四項規條，可能源於早期猶太傳統流傳的「挪亞之律」(Noahide laws),即上帝與挪亞立約後對全人類的要求。遵守這些要求後,外邦人中的義人也能得救。[17] 這傳統反映在《禧年書》(*Book of Jubilees*)7:20(約公元前二世紀中葉):

> 到了第二十八個禧年,挪亞把所認識的律例、誡命和一切的審判教導子孫。他向兒子作見證,叫他們行公義,不可赤身露體,當稱頌造他們的主,當孝敬父母,要愛鄰舍,並要保守自己脫離淫亂、不潔和一切的不義。

後來在公元五世紀的《巴勒斯坦他勒目》(*Palestinian Talmud*)之〈論公會〉56a也提及挪亞之眾子(即普世的人)要「遵守公義的司法制度,禁戒褻瀆的話、拜偶像、淫亂、流血衝突、搶劫以及吃從未死的動物身上割下的肉。」

若保羅在哥林多前書五至十章以「挪亞之律」作為回應教會問題的倫理理據,他的首要目的,不是要尋求教外人的認同,或是讓教會更易融入不友善的世界,而是要鞏固信徒與非信徒之間的界線,剔除羣體中不潔的成員,保守教會神聖的地位。這樣做可能會帶來一個效果,就是部分教外人會因基督徒崇高的道德標準,而對基督教產生好感,情況像早期猶太教吸引外邦人因嚮往猶太人的道德生活而成為敬畏上帝的人(徒十三 16、26)。

九 向教外人行善的倫理基礎

保羅書信有一些較含糊的經文,反映他教導信徒要做善事，對象可能是教外人。例如「各人務要叫鄰舍喜悅，使他得益處，建立德行」(羅十五 2)，其中「鄰舍」在福音書或猶太人的處境，可指同族的人。然而，在保羅所接觸的外邦教會中，鄰舍可能指「本地人」(參帖前二 14)，即基督徒生活中遇到的任何人。因此，保羅所提及的「愛鄰舍」(羅十三 8～10，《呂振中譯本》)，可能比耶穌的理解更廣闊，包括未信主的人，甚至是那些敵視信徒的人(十二 14)。而「眾人」要「留心去做」「一般人」、「所有人」、「眾人以為美的事」(17 節)，「凡事都叫眾人喜歡，不求自己的益處，只求眾人的益處，叫他們得救」(林前十 33)。

保羅亦具體地吩咐信徒要行善，這是上帝使我們成為新造的人的目的(弗二 10)。信徒只要行善，就不用怕作官的，不會像作惡的受罰，而是會得到他的稱讚(羅十三 3)。保羅勸勉加拉太教會「行善不可喪志」(加六 9；帖後三 13)，反映所謂的行善，不是輕省的事情。他又提醒信徒「有了機會就當向眾人行善」(加六 10)，因為「若不灰心，到了時候就要收成」(9 節下)，可能暗示向教外人行善，能帶來他們的改變。

「行善」實際所指的是「養育兒女，接待遠人，洗聖徒的腳，救濟遭難的人」(提前五 10)，以及「甘心施捨，樂意供給人」(六 18)。如此，一方面是順應社會期望對家人和陌生人履行責任，另一方面是慈惠工作，在物質上照顧有需要的人。保羅曾在愛琴海一帶地區的教會發起捐款運動(林前十六 1～4；林後八～九；羅十五 25～27)，這次捐款的受惠人主要是耶路撒冷教會的窮人，但亦可能包括非信徒，因為保羅期望這次捐款「不但補聖徒的缺乏，而且叫許多人愈發感謝上帝」(林後九 12)。聖徒因馬其頓和亞該亞教會「多多地捐錢給他們和眾人」而把榮耀歸給上帝（九 13）。事實上，這次耶路撒冷捐款運動，可能是保羅的宣教中眾多慈惠工作之一，因為他較早時寫的加拉太書中，提及他與耶路撒冷教會領袖會面時，曾作出協議(加二 9)，當保羅往外邦人當中傳福音時，沒有要求外邦信徒行割禮，只要求他們「記念窮人」，而且保羅承認記念窮人是他「本來熱心去行的」（10 節）。[18]

十 結論

保羅的靈性觀以聖靈為中心，信徒的靈性踐行（包括讀經、默想、唱詩、禱告等）都是在聖靈工作下發生的。然而，保羅所強調的靈性踐行，不是純粹個人的心靈活動，只造就自己，而是由聖靈賜予各人恩賜，目的是造就教會。愛心不單是恩賜運用的必要元素，「彼此相愛」更是最能彰顯保羅靈性觀的社羣向度。從保羅的倫理教導所採用的各種理據和基礎可見，他會從世俗社會可被信仰接受的價值觀出發，作為倫理教導的參考點，可見保羅是關心社會的。他也留意到社會制度造成社羣內外的張力（如羅十二 18、十三 1～7），不過他沒有意圖改變社會制度，而是主張信徒要在人羣中行善。因此保羅的靈性觀引發的倫理教導，是帶有助人或慈惠的果效，但不涉及社會改革，因為保羅相信上帝在終末時會介入，為社會伸張正義（十二 19～21）。

註 釋：

1. Robert Wuthnow, " Spirituality and Spiritual Practice, " in *Blackwell Companion to Sociology of Religion*, ed. Richard K. Fenn (Malden, MA: Blackwell, 2003), 307. 原文是 " Spirituality can be defined as a state of being related to a divine, supernatural, or transcendent order of reality or, alternatively, as a sense or awareness of a suprareality that goes beyond life as ordinarily experienced. " 其他關於靈性的定義，見 Alister E. McGrath, *Christian Spirituality* (Malden, MA: Blackwell, 1999), 1 ～ 7。
2. Wuthnow, " Spirituality and Spiritual Practice, " 313 ～ 314.
3. Wuthnow, " Spirituality and Spiritual Practice, " 309.
4. 龔立人：《糾纏的靈性——倫理、社會與宗教》（香港：香港基督徒學會，2006 年），頁 121。
5. 沈宣仁：〈教會與社會關懷〉，《思》第 2 期，1989 年 6 月；取自「香港基督徒學會」網頁（http://www.hkcidata1.org/database/sze/002/sze02-03.pdf）；瀏覽於 2014 年 12 月 13 日。
6. 《洛桑信約》（http://www.lausanne.org/zh-hant/covenant-zh-tw/lausanne-covenant）；瀏覽於 2014 年 12 月 15 日。
7. Ben Lowe, *Doing Good Without Giving Up: Sustaining Social Action in a World That's Hard to Change* (Downers Grove, IL: IVP, 2014), 25 ～ 26.
8. Nicholas Perrin, " The Imperial Cult, " in *The World of the New Testament: Cultural, Social, and Historical Contexts*, ed. Joel B. Green and Lee Martin McDonald (Grand Rapids, MI: Baker Academic, 2013), 124 ～ 134.
9. Moyer V. Hubbard, " Greek Religion, " in *The World of the New Testament: Cultural, Social, and Historical Contexts*, ed. Joel B. Green and Lee Martin McDonald (Grand Rapids, MI: Baker Academic, 2013) , 107 ～ 115.
10. Hubbard, " Greek Religion, " 115 ～ 116.
11. *P. Oxy*. 1148. 見 C. K. Barrett, *The New Testament Background: Writings from Ancient Greece and the Roman Empire That Illuminate Christian Origin*, revised ed. (New York: Harper Collins, 1989), 33。
12. Everett Ferguson, *Backgrounds of Early Christianity* (Grand Rapids, MI: Eerdmans, 1993, 2nd ed.), 235.
13. 阿普留斯：《金驢傳奇》（或稱《變形記》〔*Metamorphoses*〕）11.23 (*l*.49 ～ 54)。譯本取自黃錫木編：《新約背景文獻選輯》（香港：國際聖經協會，2000），頁 589。
14. James D. G. Dunn, *The Theology of Paul the Apostle* (Grand Rapids, MI:

Eerdmans, 1998), 416～419.

15. 包括羅一 9，八 16；林前二 11，五 3～5，七 34，十四 14，十六 18；林後二 13，七 1、13；加六 18；弗四 23；腓四 23；西二 5；帖前五 23；提後四 22；門 25 節。另外有數處經文中的「靈」不確定是指心靈還是上帝的靈：羅十二 11；林前四 21，十四 15、32；林後四 13；加六 1；弗一 17；腓一 27。見 Dunn, *Theology of Paul*, 76。以弗所書二章 2 節中的「靈」則指「邪靈」。
16. 以弗所書一章 3 節及羅馬書十五章 27 節提及「屬靈的福氣」也可理解為「屬於心靈層面的福氣」。參 Johannes P. Louw and Eugene A. Nida, eds., *Greek-English Lexicon of the New Testament Based on Semantic Domains* (New York: United Bible Societies, 1989, 2nd ed.), §26.1。另外，副詞「屬靈地」（πνευματικῶς, *pneumatikōs*）只出現在哥林多前書二章 14 節，指人需要以聖靈的方法，來辨識來自聖靈的事物。
17. Marcus Bockmuehl, *Jewish Law in Gentile Churches: Halakhah and the Beginning of Christian Public Ethics* (Grand Rapids, MI: Baker Academic, 2000).
18. Bruce W. Longenecker, *Remember the Poor: Paul, Poverty and the Greco-Roman World* (Grand Rapids, MI: Eerdmans, 2010).

6

從「五經」的社關律例反思傳統教會的靈修觀

張祥志

一 對傳統教會靈修觀的反思

「你今天靈修了沒有？」、「你每天用多少時間靈修？」、「你是否有恆常的靈修生活？」、「你今天有沒有親近主？」這些問題往往是傳統教會對信徒生命是否「屬靈」的衡量標準：有靈修便屬靈，沒有靈修便不屬靈。至於靈修的形式，都不離安靜、祈禱、讀經、唱詩、默想、獨處等；換句話說，有祈禱、讀經、默想等，便是一個愛主的屬靈人。筆者絕不反對信徒有這種靈修的生活，也很贊成信徒恆常持有這種操練。只是在這操練形式的背後，傳統教會所灌輸的觀念，卻值得我們反思。

先從名稱開始，靈修，最主要的關注是「靈」。靈修是希望透過修練，讓我們成為一個「屬靈」的人。筆者不想在這裏全面討論甚麼是屬靈，只想透過對傳統教會多年的觀察，指出傳統教會對「屬靈」的主要看法。[1]傳統教會的「屬靈」觀，主要是與

「屬世」作出區分對比。甚麼是「屬世」?傳統教會一般都受到羅馬書十二章2節「不要效法這個世界，只要心意更新而變化，叫你們察驗何為上帝的善良、純全、可喜悅的旨意」，或是約翰一書二章15節「不要愛世界和世界上的事。人若愛世界，愛父的心就不在他裏面了」，又或是歌羅西書三章2節「你們要思念上面的事，不要思念地上的事」等經文的影響，將「屬世」等同「世界」、「地上」，於是「屬靈」，便要遠離世界的一切事，只追求「上面」的事。[2]傳統教會對屬靈及屬世的內涵，亦有一定的取向：唱聖詩是屬靈的，唱卡拉OK是屬世的；上教會是屬靈的，去舞會是屬世的；讀聖經是屬靈的，看波經是屬世的；奉獻給教會是屬靈的，投資買股票是屬世的；傳福音是屬靈的，傳銷產品是屬世的等等。

雖然現代教會已相對較為開放，但「屬靈」的意義取向，似乎改不了太多，這種「遠離世界，追求屬靈」的二分觀念，仍深入各信徒的思想中。故此，在傳統教會眼中，「屬靈」的基本定義，就是遠離世界的事，與上帝親近，在教會事奉等等；「屬世」則是追求、嚮往所謂世俗的事情。問題是，聖經所理解的「世界」/「地上」及「屬靈」/「上面」，是否與傳統教會的觀念一致?事實上，約翰說「不要愛世界和世界上的事」，主要不是指一般世俗事物，而是指「肉體的情慾、眼目的情慾，並今生的驕傲」(約壹二16)種種違背上帝心意的邪惡；而歌羅西書所指地上的事是指「淫亂、污穢、邪情、惡慾，和貪婪……惱恨、忿怒、惡毒、毀謗、並口中污穢的言語……說謊」(西三5～9)。[3]故此，所謂「屬世」/「地上」，並不是指世界中一些「世俗」的事情，而是世界中的「邪惡」以及「違背上帝心意」的事情。而「屬靈」/「上面的事」，也不單是上教會、祈禱讀經、奉獻、事奉等，更是在世上遵行上帝喜悅的事情，如歌羅西書所說的憐憫、恩慈、謙虛、溫柔、忍耐、彼此包容、饒恕、存著愛心等等（三 12～15），這點我們會再詳細討論。從這方面來看，傳統教會對「屬靈」的理解似乎有所偏差，其後果是令信徒的生命變得過分狹窄，將不必要消除的生活都一併剔走，只剩下一個狹隘的生活空間。用創世記的伊甸園故事作比喻，上帝吩咐亞當「園中各樣樹上的果子，你可以隨意吃，只是分別善惡樹上的果子，你不可吃，因為你吃的日子必定死」（創二 16～17）。不可逾越的界線是有的，但享受的比例是「各樣」樹上的果子，對比「一棵」分別善惡樹的果子。可是傳統教會的屬靈觀，很容易變成園中「各樣樹上的果子你都不可以吃」，只可以吃其中「某一棵樹的果子」。

其次，靈修的「靈」指的是甚麼？簡單來說，傳統教會的觀念，主要將人的「靈」，歸為與上帝接觸的層面。凡是與上帝有關的思想、與上帝的關係、與上帝的溝通等，都是由「靈」這機能負責。所以靈修，就是修練我們的靈，以及我們與上帝的關係。過分強調「靈」，很容易會讓信徒將靈（與上帝的關係）的部分，從整體生命中分割出來，即上帝是我們生命的其中一部分，而不是貫通我們整個生命及生活，「屬靈」只是我們與上帝關係的那部分，而其他部分則與上帝無關。但上帝只與我們生命中某部分有關係，而不是與全部都有關係嗎？再者，我們可以將靈從整體生命中分割出來，獨自運作嗎？當我們說我們愛上帝，要在生活中見證、榮耀祂的時候，這只是我們的靈在運作嗎？我們的生命及身體沒有參與嗎？

事實上，靈與生命很難區分，在新約中，「靈」這字的原文是πνεῦμα, *pneuma*，用在上帝身上，主要指上帝的靈或聖靈；用在人身上，則主要指人生命中的思想或意志。最經典例子是耶穌對門徒說：「你們心靈固然願意，肉體卻軟弱了。」（可十四38）這裏的心靈，原文就是「靈」（πνεῦμα, *pneuma*）。耶穌的門徒曾信誓旦旦對他說：「就是必須和你同死，也總不能不認你」（31節），可是到耶穌在客西馬尼被捉拿之後，門徒全都四散，彼得也三次不認耶穌（66～72節）。這「心靈願意」的「靈」，很明顯是指門徒生命的思想、意志或心靈，而不是甚麼分別出來，與上帝接觸的獨特部分。

另外一個常惹人誤會的字眼是「靈魂」，這字的希伯來文是"נפשׁ, *nep̄eš*"，意思很廣泛，可指喉嚨（賽五14）、頸（詩一〇五18）、呼吸氣息（伯四十一13）、生命（創九5、16）、人（利二十四17）等；而最廣泛的使用，就是「生命」，但就是沒有「靈魂」（soul）這意思。[4] 在新約希臘文則是"ψυχή, *psuchē*"，舊約《七十士譯本》就是用這字來翻譯希伯來文的"נפשׁ, *nep̄eš*"，所以解釋新約這字時，最好用猶太的觀念來理解，不是「靈魂」，而是「生命」。經典例子是當耶穌預言自己將要受死時，彼得斥責祂，耶穌也斥責彼得為撒但，因為他不體貼上帝的意思，只體貼人的意思。之後耶穌教導門徒，若有人要跟隨祂，就當捨己，背起十字架來跟從，因為凡要救自己生命（ψυχή, *psuchē*）的，必要喪掉生命；凡為耶穌和福音喪掉生命（ψυχή, *psuchē*）的，必救了生命（可八31～35）。這裏上文下理很清楚，就是凡要救自己「體貼上帝」的生命，將要喪掉「體貼人」的生命；凡為耶穌和福音喪掉「體貼人」的生命，必救了「體貼上帝」的生命。而這生命是指門徒整體的生命，當中並沒有分別出來的「靈魂」的意味。故此，聖經似乎沒有如傳統教會的靈修觀般，將靈與生命分割開來的想法；相反，聖經視生命為一個整體，與上帝溝通是整個生命的溝通，與上帝的關係是生命全方位的關係，而不是某個層面，如只是上教會、讀經、祈禱、事奉等。

再者，傳統教會的靈修讀經方法，也出現很大的問題。最常聽見的教導，就是在靈修讀經時，對經文不明白也不要緊，最要緊的是找出當中讓你有感受的字句及字眼，或一些金句，然後默想它，看看上帝有沒有甚麼話要對你説。作為神學院聖經科的老師，筆者認為這樣教導是很危險的。以金句為例，所謂「金」句，即是説這節經文是特別有價值，是「金」的。但試問，是誰決定這節經文是「金」，而另一句經文不是「金」的？決定這經文是「金」的標準是甚麼？是甚麼神學觀念決定了這經文是「金」的？縱觀傳統教會的「金句」，絕大部分都是十分美好及正面的「上上簽」，不是上帝的饒恕，便是上帝的幫助；不是上帝的慈愛，便是上帝的憐憫；不是彼此和睦，便是互相激勵……「上帝是我們的避難所，是我們的力量，是我們在患難中隨時的幫助」(詩四十六 1) 這等安慰鼓勵的經文，永遠排在「金句」的榜首位置。但問題是，為何「金句」在傳統中只有正面的，而沒有負面的？聖經中有大量記載耶和華審判子民的經文，警告子民作惡犯罪的嚴重後果，如「耶和華因你行惡離棄他，必在你手裏所辦的一切事上，使咒詛、擾亂、責罰臨到你，直到你被毀滅，速速地滅亡。耶和華必使瘟疫貼在你身上，直到他將你從所進去得為業的地上滅絕」(申二十八 20～21)。奇怪地，這類「下下簽」的經文，從來不會出現在我們的金句卡上，難道這些不是上帝的話語？難道這些對我們的屬靈生命沒有幫助？筆者恐怕，這「報喜不報憂」的選取與省略標準，正反映出我們的信仰是「各取所需」，選擇自己喜愛的，使之成「金」，不喜愛的，便永不超生。我們會否只行自己眼中看為「正」的事，選擇我們眼中看為「金」的句子，而忽略了聖經教導的全面性？信仰的內涵由誰決定？擁抱只有一半的真理，是否擁有真理？

最重要的是，意義是由處境（context）決定的。同一件事情或同一句話，放在不同的處境，其意義可以截然不同。一塊芝士蛋糕放在午餐吃是美味，但放在聖餐中吃則變成褻瀆；「節哀順變」在葬禮上說是安慰，在婚禮上說則是挖苦。聖經每一節經文都是在某些處境出現的，而這些處境，正是決定經文如何解釋的重要關鍵。「金句」似乎正在走相反的路，脫離經文的獨特處境，從原來有所指向的處境，變成可任意解釋的話；將上帝從某些處境的心意，變成放諸四海皆準的心意。這還算不算是上帝的話？從應用層面來說，在某種處境下所說的信息，只能在相同性質的處境中應用，否則只會弄巧反拙。保羅十分出名的經文「愛的真諦」（林前十三4～8），其出現的處境是哥林多教會在屬靈恩賜上出現問題，有些人強迫其他人要像他們一樣擁有某些恩賜，特別是說方言，以致教會有些人覺得自己不屬這身子。於是保羅便教導哥林多信徒「愛的真諦」：愛是恆久忍耐，又有恩慈，愛是不嫉妒，愛是不自誇、不張狂，不作害羞的事，不求自己的益處……為甚麼保羅要選擇不嫉妒、不自誇、不張狂、不作害羞的事、不求自己的益處這些類別？全因哥林多信徒正在嫉妒、自誇、張狂、作害羞的事、求自己的益處等狀況之中，所以保羅要重申教會中弟兄姊妹之間的愛應當如何。但這「愛的真諦」卻被普遍應用在婚禮的處境中，訴說夫妻之間愛的定義，這是何等的誤會？將「教會中弟兄姊妹之間的愛」誤用於「夫妻之間的愛」，正是「金句」抽離處境而放諸四海皆準的思維。以偏概全，正是「金句」的危機。

總括而言，傳統教會的靈修觀念很容易將信仰的層面縮得很狹窄，所謂「屬靈」的事，只不過是信徒整體生活的某些層面，如只關注個人內在的生命、只關注與教會有關連的事情等，彷彿生活的其他層面，與我們的信仰沒有多大關係。問題是，聖經對信徒的信仰生命，所關注的，只是這些狹窄的層面嗎？聖經如何描述我們與上帝的關係？聖經要我們關注的層面有多寬闊？下文將透過「五經」中的律法，思想「屬靈」生命是怎麼一回事。[5]

二「五經」中的愛神觀

在「五經」中，甚至在整本聖經中，上帝從頭到尾對子民的關注，都是他們能否在生活各個層面中，遵行祂的心意。猶太傳統中，上帝對子民最重要的吩咐就是「以色列啊，你要聽！耶和華——我們上帝是獨一的主。你要盡心、盡性、盡力愛耶和華——你的上帝」(申六 4～5)。這是他們每天都要背誦的禱文，當中的盡「性」，原文就是「生命」(נפש, *nepeš*) 這字，而不是盡「靈魂」去愛上帝。在猶太人的觀念中，「愛」耶和華的重點，並不在情感上的表達，而是在生活中有沒有遵行祂的誡命、律例、典章。因在這個重要吩咐之前，摩西再一次強調要遵守耶和華的吩咐：「這是耶和華——你們上帝所吩咐教訓你們的誡命、律例、典章，使你們在所要過去得為業的地上遵行，好叫你和你子子孫孫一生敬畏耶和華——你的上帝，謹守他的一切律例誡命，就是我所吩咐你的，使你的日子得以長久。以色列啊！你要聽，要謹守遵行，使你可以在那流奶與蜜之地得以享福，人數極其增多，正如耶和華——你列祖的上帝所應許你的」(六 1～3)。另外,「你要**愛**耶和華——你的上帝,常**守**他的吩咐、律例、典章、誡命」(十一 1)。「你們若留意**謹守遵行**我所吩咐這一切的誡命,**愛**耶和華——你們的上帝,行他的道,專靠他,他必從你們面前趕出這一切國民」(十一 22～23)。所謂愛耶和華,就是遵守祂的誡命。事實上,這個吩咐貫穿了整卷申命記(四 1～2、39～40,五 1、32～33,六 1～3、17～19、24～25,七 11～15,八 1、6、11,十 12～13,十一 1、8～9、13～15、22～23、26～28、32,十二 1、28、32,十三 18,十五 4～5,十六 12,十七 18～20,十九 9～10,二十六 16～19,二十七 1、8、10,二十八 1、15、58～59,二十九 9,三十 1～2、10、15～16、19～20,三十一 12～13)。當耶穌反問那來試探祂的律法師當做甚麼才可承受永生時,律法師回答說:「你要盡心、盡性、盡力、盡意愛主——你的上帝;又要愛鄰舍如同自己。」耶穌說:「你回答的是;你這樣**行**,就必得永生。」(路十 25～28)這裏,耶穌強調愛上帝就是遵行祂的誡命。

三「五經」中誡命、律例、典章的層面

在「五經」中,耶和華所吩咐的誡命律例,可說是廣佈於子民生活的每一個層面,簡單分類,基本上可分為禮儀、家庭、社會三個層面。

1. 禮儀層面

- 不可隨從別神:要毀滅偶像(申十二 1～4)、不可隨從異族(29～32 節)、不可受引誘隨從別神(十三 1～18)、不可為

死人劃身（十四 1～2）、不可樹立木偶（出二十 22～26；申十六 21～22）、不可敬拜偶像（申十七 2～7）、不可使兒女經火（十八 9～13）、不可提別神的名（出二十三 13）。

- 獻祭：燔祭、素祭、平安祭、贖罪祭、贖愆祭（利一～七章；申十二 5～14）、吃祭肉（15～19 節）、吃肉/不可吃血（利十七章；申十二 20～28）、獻十分之一（十四 22～29）、獻頭生的（十五 19～23）、不可獻殘疾牛羊（利二十二 17～25；申十七 1）、許願要還願（二十三 21～23）、獻初熟土產與十分之一奉獻（二十六 1～15）、節期獻祭（十六 1～17）。
- 守節期：守安息日、逾越節與無酵節、五旬節、吹角節、住棚節（利二十三 1～44；出二十三 14～19）。
- 生活上的分別為聖：潔與不潔的食物（出二十二 31；利十一章；申十四 3～21）、男女衣飾不可逆穿（申二十二 5）、不可混雜（利十九 19；申二十二 9～11）、不潔的人不可入會（利二十一 16～23；申二十三 1～8）、保持營內潔淨（民五 1～4；申二十三 9～14）、屍首不可留過夜（二十一 22～23）、婦女生育後的洗淨（利十二 1～8）、皮膚感染及發霉的不潔（十三 1～十四 57）、漏症的不潔（十五 1～33）。

2. 家庭層面

- 婚姻關係：娶被擄的女子（申二十一 10～14）、女子貞潔的問題（二十二 13～30）、休妻之例（二十四 1～4）、新娶妻不可從軍（5 節）、娶亡兄之妻（二十五 5～10）、婦人為丈夫出氣（11～12 節）、家庭性倫理（利十八章；申二十三 17～18）。
- 親子關係：要按公義定長子（申二十一 15～17）、悖逆的兒子要秉公懲治（18～21節）、不可因子殺父，不可因父殺子（二十四16）。

- 主僕關係：第七年要釋放奴隸（出二十一1～11；申十五12～18）、要收留逃走的奴隸（二十三15～16）。

3. 社會層面

- 立領袖：立國家審判官（申十六18～20）、立君王（十七14～20）、立祭司／利未人（十八1～8）、立先知（14～22節）。
- 審理案件：難斷的案件要向祭司利未人及審判官求審（申十七8～13）、定罪要有見證人（十九15～21）、為不能斷定之殺人案贖罪（二十一1～9）、按公正審判及施行刑罰（二十五1～3）。
- 借貸事宜：豁免年（申十五1～11）、借錢給弟兄不可收利息（二十三19～20）、不可將人的維生工具作抵押品（二十四6）、要維護欠債者的尊嚴及生命保障（10～13節）。
- 戰爭：上陣時不要膽怯驚恐；有未享受之物可以回家去（申二十1～20）。
- 對待鄰舍：設立逃城，免流無辜人的血（申十九1～14）、幫助弟兄尋回失羊失牛（二十二1～4）、房屋頂要安上欄杆，以免傷害無辜（二十二8）、取鄰舍的物不可過分（二十三24～25）、不可拐帶人口（二十四7）、不可延遲發放困苦雇工的工價（利十九13；申二十四14～15）、要善待孤兒寡婦（17～22節）、交易要誠實，不可行騙（利十九35～36；申二十五13～16）、關於安息年及禧年的律例（出二十三10～12；利二十五1～55）、因個人所擁有的財物引致他人的損失（出二十一28～36）、財產盜竊及破壞的賠償（二十二1～

17)、不可欺壓弱勢羣體(21～27節)、不可毀謗長官(28節)、法庭中要有公義(二十三1～9)。

從以上所陳列的各類誡命律例，我們可以看出，所謂「愛」上帝，就是在生活各層面——禮儀、家庭、社會——遵守祂的吩咐。假如用傳統教會的「靈修」概念，則「靈修」便不應只限於個人內心、上教會、祈禱讀經、奉獻、事奉等，而是在世事各層面中，遵行合上帝心意的事情，正如主禱文所說：「願你的國降臨，願你的旨意行在地上，如同行在天上」。

四 社會關懷與生命的靈性

從「五經」中誡命律例的比例來看，社會層面所佔的篇幅是最多的，涉及的層面也最廣泛。如果「屬靈」是在世界上遵行上帝的心意，那麼社會關懷可說是「屬靈」生命的其中一個主要元素。以下嘗試舉一些例子，讀者請記住，遵行這些吩咐，是一件很「屬靈」的事情。

1. 好憐憫

A. 社會層面的理想：在你們中間沒有窮人

在申命記十五章，摩西提出了豁免年的觀念：「每逢七年末一年，你要施行豁免。豁免的定例乃是這樣：凡債主要把所借給鄰舍的豁免了；不可向鄰舍和弟兄追討，因為耶和華的豁免年已經宣告了……你若留意聽從耶和華——你上帝的話，謹守遵行我今日所吩咐你這一切的命令，就必在你們中間沒有窮人了」(申十五1～5)。也許在今天的香港社會，未必能完全按字面意思來應用這誡命，但其原則「在你們中間沒有窮人」，卻確實是耶和華的心意。貧富懸殊是今天香港其中一個非常嚴重的問題，「在你們中間沒有窮人」這原則，正向這問題提出擲地有聲的挑戰。

B. 不可欺壓弱勢羣體

出埃及記二十二章21至24節這樣教導：「不可虧負寄居的，也不可欺壓他，因為你們在埃及地也作過寄居的。不可苦待寡婦和孤兒；若是苦待他們一點，他們向我一哀求，我總要聽他們的哀聲，並要發烈怒，用刀殺你們，使你們的妻子為寡婦，兒女為孤兒」。

「寄居的」是指離開家鄉，到外地居住的人。他們要離開家鄉、寄居國外，面對歧視、語言障礙、文化適應、社會地位低微、身分不被認同等困難。導致寄居的原因，包括經濟匱乏、政治迫害、戰爭後遺、宗教迫害等。「寡婦」不僅指丈夫已過世，更指沒有男性家人支持及保護的婦女。她沒有丈夫、兒子、兄弟，甚至連夫家的親屬也沒有。她自己沒有獨立謀生的能力，又缺乏夫家男性親人的支持，沒有人照顧她的利益，她在經濟方面會陷入困境。「孤兒」不僅是沒有父親，更指父母雙亡，完全無依無靠的孤兒。[6]「五經」律例對待這些弱勢羣體的最基本態度，是「不可欺壓」，因為背上「寄居」、「寡婦」、「孤兒」這些身分，本身已是一種不幸、一種痛苦，不可欺壓他們的意思，就是不可在他們已有的痛苦上再添痛苦，落井下石。

另外，對弱勢羣體，申命記有這樣的教導：「你不可向寄居的和孤兒屈枉正直，也不可拿寡婦的衣裳作當頭⋯⋯你在田間收割莊稼，若忘下一捆，不可回去再取，要留給寄居的與孤兒寡婦。這樣，耶和華——你上帝必在你手裏所辦的一切事上賜福與你。你打橄欖樹，枝上剩下的，不可再打，要留給寄居的與孤兒寡婦。你摘葡萄園的葡萄，所剩下的，不可再摘，要留給寄居的與孤兒寡婦」(申二十四 17～21；另參利十九 9～10)。這律例可給現代社會兩點反省：(1) 賺錢不可賺得太盡，要讓貧窮人有生存的空間；(2) 享受收成時要留些給窮人，不可只顧自己的享受而漠視窮人的需要。

C. 不可延遲發放困苦雇工的工價

「困苦窮乏的雇工，無論是你的弟兄或是在你城裏寄居的，你不可欺負他。要當日給他工價，不可等到日落——因為他窮苦，把心放在工價上——恐怕他因你求告耶和華，罪便歸你了」(申二十四 14～15)。「雇工」的性質，通常指某件工作或某段時間工作的工人，而不是指長期在家庭工作的雇工。[7] 雇主不可將薪金留待日落或早晨才發給雇工，因為「他窮苦，把心放在工價上」。雇工不像雇主般有足夠的資金，一段時間沒有工資也沒有問題。他們每天就是靠那些微薄的工錢過活，所以雇主應敏感於雇工即時需要金錢的事實。筆者過去由於母親患上了腦退化症，需要聘請一位印籍傭工協助照料母親。這印籍女傭二十二歲，年青善良，但因家境貧困，剛結婚一年便要離開丈夫，遠別家鄉，到一個語言不通、文化相異的地方，住在一個完全陌生的家庭，照顧一個不易應付的老人家。更可憐的是，按香港外籍雇傭的規則，她最初七個月的薪金，都要交給雇傭公司，作為介紹費。換句話說，她要白做七個月，然後到第八個月才正式有收入。面對這些窮苦的「寄居」雇工，筆者哪敢不按聖經律例的教導準時發薪給她？因為她真的會「把心放在工價上」。

D. 不可不幫補窮人

聖經的罪除了有「做了不應該做的事」(sin of commission)之外，還有「沒有做應該做的事」(sin of omission)。而沒有幫助應該幫的人，也是得罪上帝的舉動。「在耶和華——你上帝所賜你的地上，無論哪一座城裏，你弟兄中若有一個窮人，你不可忍著心、揝著手不幫補你窮乏的弟兄。總要向他鬆開手，照他所缺乏的借給他，補他的不足⋯⋯你總要給他，給他的時候心裏不可愁煩；因耶和華——你的上帝必在你這一切所行的，並你手裏所辦的事上，賜福與你⋯⋯總要向你地上困苦窮乏的弟兄鬆開手」(申十五 7～11)。此外，先知書也有類似的教訓：「看哪，你妹妹所多瑪的罪孽是這樣：她和她的眾女都心驕氣傲，糧食飽足，大享安逸，並沒有扶助困苦和窮乏人的手。她們狂傲，在我面前行可憎的事，我看見便將她們除掉」(結十六 49～50)。這裏的教導十分清楚，面對困苦窮乏的人，上帝的子民責無旁貸地要去幫助他們。如果袖手旁觀、視若無睹、充耳不聞的話，上帝的審判是會臨到的。

2. 行公義

A. 對社會領袖的要求

i. 官長

申命記對審判官及官長的要求是「必按公義的審判判斷百姓，不可屈枉正直，不可看人的外貌。也不可受賄賂；因為賄賂能叫智慧人的眼變瞎了，又能顛倒義人的話。你要追求至公至義，好叫你存活，承受耶和華——你上帝所賜你的地」(申十六 18～20)。這裏包括了消極的「不可」及積極的「要追求」兩個層面。

ii. 君王

關於君王，申命記同樣分開消極的「不可」及積極的「要」兩個層面。「只是王不可為自己加添馬匹，也不可使百姓回埃及去，為要加添他的馬匹，因耶和華曾吩咐你們說：『不可再回那條路去』」(申十七 16)。這裏加添馬匹的意思，可能是指用百姓交換埃及馬匹，以增加自己的軍力，但申命記卻要限制其軍力。另外，君王「也不可為自己多立妃嬪，恐怕他的心偏邪」(17 節)。這裏有限制情慾及阻止與異邦連合的意思，因為當時君王娶妃嬪，很多時是與異邦政治結盟有關，而與異邦結盟，很容易會引入偶像崇拜。再者，君王「也不可為自己多積金銀」(17 節)。對君王的指引，申命記一開始便提出種種限制，但除了限制外，申命記對君王也提出了一些積極的要求：「他登了國位，就要將祭司利未人面前的這律法書，為自己抄錄一本，存在他那裏，要平生誦讀，好學習敬畏耶和華——他的上帝，謹守遵行這律法書上的一切言語和這些律例，免得他向弟兄心高氣傲，偏左偏右，離了這誡命」(18～20 節)。簡單來說，君王要處理自己的生命問題，限制權力、金錢、慾望，並以上帝的話治國，作生命的榜樣來帶領子民。

B. 對審訊的要求

聖經對行公義有十分嚴格的要求。除了之前說過的，要求審判官不可屈枉正直、不可看人的外貌及不可收受賄賂(參申十六 18～20)之外，在審訊過程也不能輕率：「在你們中間，在耶和華——你上帝所賜你的諸城中，無論哪座城裏，若有人，或男或女，行耶和華——你上帝眼中看為惡的事，違背了他的約……有人告訴你，你也聽見了，就要細細地探聽，果然是真，準有這可憎惡的事行在以色列中，你就要將行這惡事的男人或女人拉到城門外，用石頭將他打死。要憑兩三個人的口作見證，將那當死的人治死；不可憑一個人的口作見證將他治死……這樣，就把那惡從你們中間除掉」(十七 1～7)。這段經文提供了一些重要的審訊原則：先要仔細尋求事件真相(「細細地探聽」)，而且「孤證不足信」(「要憑兩三個人的口作見證」，「不可憑一個人的口作見證」)，加上要嚴格執行處分(若「果然是真，準有這可憎惡的事行在以色列中，你就要將行這惡事的男人或女人……打死」)，而這樣做的目的，就是要「把那惡從你們中間除掉」。

C. 刑罰要公正

「若有兇惡的見證人起來，見證某人作惡，這兩個爭訟的人就要站在耶和華面前，和當時的祭司，並審判官面前，審判官要細細地查究，若見證人果然是作假見證的，以假見證陷害弟兄，你們就要待他如同他想要待的弟兄。這樣，就把那惡從你們中間除掉。別人聽見都要害怕，就不敢在你們中間再行這樣的惡了。你眼不可顧惜，要以命償命，以眼還眼，以牙還牙，以手還手，以腳還腳」(申十九 16～21)。這段除了重複要仔細尋求事件真相(「細細地查究」)的原則外，更強調要有公正的刑罰——要以命償命、以眼還眼、以牙還牙、以手還手、以腳還腳。公正的刑罰基本原則就是「不可多於或少於應受的」。打斷別人一隻手，其刑罰一方面不能只以打手掌兩下作賠償，另一方面亦不能以打斷其手及腳作賠償。公正刑罰的原則是「應賠多少，就賠多少」，不可多於或少於應受的。

遵行以上的吩咐，與祈禱、讀經、親近上帝等相比，同樣是很「屬靈」的事情。

五 結語

由此可見，聖經著重子民的「生命」多於子民的「靈」，著重信徒的「生命」多於子民的「靈命」。生命是一個整體，上帝的吩咐也關乎全方位的生命。若勉強將生命分割成不同部分，便很容易側重生命的某一層面，而忽略了生命的整全性。甚至，筆者不太喜歡用「宗教」來形容信徒的信仰，彷彿信徒的生活有不同的層面，如家庭、工作、社會、教會等，而宗教只是各層面中的其中一個。事實上，人是上帝的受造物，人之為人，就是應該按上帝原初創造的心意行事，遵行上帝的創造法則，這是作為人應有的本分，而不是生活中的某個「宗教」部分。上帝的創造法則涵蓋生活的每個部分，而不是生活的某個層面。其實宗教的要求，就是做好人而已。箴言也有同樣的觀念。耶和華透過智慧創造世界（箴三 19～20），這智慧就是耶和華創造世界的法則，因此遵行智慧的法則，便是人這受造物應有之義，也就是箴言所說的「敬畏耶和華是智慧的開端，認識至聖者便是聰明」（九 10）。而箴言中智慧的創造法，則同樣涵蓋了生活的各個層面，包括人際關係、家庭關係、社會關係、財富觀、說話藝術、品格修養、善惡之道等。所以信徒的信仰不應從生活分割出某個「屬靈」層面，而應在生活每個層面，遵行上帝的心意。因此，對筆者來說，「生命操練」可能比「靈修」更貼近聖經的觀念。

傳統教會「靈修」的問題不在於其形式是否祈禱、讀經、默想等，而在於這形式背後的偏隘思維。如果能夠將思想擴闊，回復聖經所期望我們的觀念，那麼祈禱、讀經、默想等形式，則是生命操練十分好的起始點。

註釋：

1. 筆者於一九七六年在本地一獨立堂會洗禮，一直都沒有脫離過教會生活，而寫這篇文章當天，剛好是筆者洗禮三十八週年記念日。
2. 筆者早期在教會中經常唱《青年聖歌》中的《與神同行》，其中副歌是「與神同行，我要遠離世界，與神同行，在祂得著一切」。
3. 參張祥志：《聖經本釋 —— 讓聖經再次說話》，四版（香港：明風，2009），頁 62 ～ 65。
4. 具體討論可參張祥志：《聖經本釋》，頁 95 ～ 98。
5. 選擇「五經」是因為「五經」是整本聖經的基礎。筆者曾做過一初步研究，將「先知書」中先知對各階層的人的指控的原因羅列，發覺先知所指控的，全都是「五經」曾提及過的，並沒有離開「五經」的律例。此外，耶穌在馬太福音五章 17 節說：「莫想我來要廢掉律法和先知。我來不是要廢掉，乃是要成全。」換句話說，耶穌所教導的，同樣沒有離開「五經」的教導。
6. 賴建國：《出埃及記》（卷下）（香港：天道，2005），頁 156 ～ 159。
7. Baruch A. Levine, *Leviticus* (Philadelphia, New York, Jerusalem: JPS, 1989), 128; Jeffrey H. Tigay, *Deuteronomy* (Philadelphia, Jerusalem JPS, 1996), 226 ～ 227.

靈修・操練與踐行

7

「去愛」作為靈修的踐行：論威廉・莊士敦神父的耶佛共融靈修神學

蘇遠泰

一 導言：威廉・莊士敦神父簡介

屬靈操練（spiritual training）是基督宗教歷來所強調的，其發展從以前只為神職人員（priest）或修院修士（monk）而設，到今天亦為平信徒（lay Christian）所渴慕追求（或說被教導要渴慕追求）。尤其在不少基督新教的教會裏，信徒的栽培課程內容必然包括「靈修」的教導，而追求「靈修」的更新，更是今天不少教會趨之若鶩的。不難發現，信徒在靈修上的追求，大多仍停留在「自利」階段：靈修是想與上帝親近、明白上帝在自己身上的旨意、造就靈命等等。這些固然有助於造就親近上帝和愛上帝的心，卻較少關注通過靈修，去關愛世界和憐憫世人。如此，靈修的重點，就容易落入信徒個人與上帝如何建立親密的關係，屬於個人層面（甚至是私人層面），而安靜、獨處、隱密，便成了靈修的特徵，隱修生活（hermitage）成了靈修的高峯。但在中世紀，其實有不少修院（例如奧古斯丁修院）均座落於人羣之中。修士除了親密地與上帝聯繫外，亦積極參與社會服務，對從事教育、醫療等工作，更是責無旁貸。

本文的目的，是想介紹一位當代耶穌會的神父：威廉．莊士敦（William Johnston, 1925～2010），藉著闡釋他所主張的耶佛共融靈修神學，探討如何從契默的「內聖」屬靈操練，發展至「外王」的關愛世界，並指出「去愛」，尤其要踐行在日常生活裏，才是靈修的目的，才是靈修操練的實踐。

莊士敦是愛爾蘭籍的耶穌會神父，曾居於日本超過五十年，經常與日本禪師一起坐禪（zazen），並且主張把大乘佛教禪宗的坐禪理論，引進基督宗教的靈修生活。莊士敦透過耶佛對話，提倡耶佛雙方應從共同點出發，展開互諒互補的學習，從而產生一種耶佛共融的靈修神學。而他所指的共同點，就是人性。要實現真正的人性，最佳的方法就是通過契默式的祈禱（contemplation）所達至的神祕經驗來體驗，而這亦使他所主張的「靈修」，[1] 跟一般新教徒以讀經、祈禱、詩歌、默想來靈修十分不同。

莊士敦的靈修神學，除了依循天主教和東正教的靈修傳統外，還加插了不少日本禪宗和東方宗教的特色，特別在如何通過身體，引導禱告者進入空明狀態，就是通過坐禪，達到內心的平靜（inner peace），獲得內心之光（inner light），脫離語言和推理式思想（discursive reasoning）的規範，從而進入一片空明的境界，在此與上帝相遇和契合。[2] 本文以下部分將首先簡單地重構莊士敦如何整合耶佛兩家的靈修思想和方法，探討莊士敦如何接納禪宗的思想和修練工夫，建構一套耶佛共融的靈修神學，達到「內聖」的工夫；然後，本文將闡述莊士敦如何強調「去愛」在靈修踐行上所起的決定性指導作用，使靈修最終以服事世人的「外王」彰顯為目標。[3] 莊士敦主張的靈修方式，並非一般信徒可以企及，亦不是本文要推介的靈修方法；本文只想藉莊士敦「非比尋常」的靈修神學，藉著「比較神學」（comparative theology）的方法，帶出一些神學反省，就是靈修除了「自利」、「隱修」和「曠野」以外，「利他」、「去愛」和「市集」，更是靈修不可或缺的。

二 為何要宗教對話？

莊士敦是一個對其他宗教採開放態度的神父。當不同宗教具備不同形式的靈修方法時，莊士敦發現他們的經驗和感覺十分相似，惟有當他們以自身的宗教語言和概念，來詮釋某種神祕的屬靈經驗時，才有不同的論述。當然，即或他們的語言或概念如何貼近，但所表達的，明顯是代表兩套不同的宗教體系。[4] 例如基督徒在祈禱中是要與上帝聯合，佛教徒在禪定中卻是體會空明，印度教徒則是與大梵合一 —— 正因為這些論述各異，便促成宗教對話的可能和需要。[5]

莊士敦從基督宗教的神學出發，認定不同的宗教（甚至包括自然科學）均可讓世人見到在美麗萬物中的「宇宙基督」（cosmic Christ）。故此，宗教對話本身就是一種神聖的責任。[6] 莊士敦不接受一種「天真實在論」（naïve realism），這種論述以為真理可以獨立於觀察者/論述者而客觀地存在，因此不接受存在多於一個對真理的論述。而莊士敦接受「中庸實在論」（moderate realism），即認為在實存的處境下，真理的存在依賴客體和我們經常變動的思維（mind）之間的互動；正因真理的存在需要人的思維來捕捉，不同人總會捕捉到不同的真理，或說各人不過是捕捉到真理的部分（partial truth）。若以上所說合理的話，即代表非基督宗教，也同樣可以捕捉到真理的部分，它們並非乏善可陳或一無所知，而基督宗教亦沒有擁有真理的全部。[7] 故此，宗教對話的目的，就是要通過坦誠的對談、交流、分享、思考，來達到彼此滋潤、彼此豐富的結果。[8] 對話不是以改變別人的信仰為目的，亦不是要證明基督宗教較其他宗教強，更不是認為其他宗教的信徒不過是「匿名基督徒」（anonymous Christian）；[9] 而是透過彼此代禱、相互交談和聆聽，去接受、去尊重、去學習、去愛別人，叫我們放下身段與別人相處。[10] 這其實是一種只作自我檢視而不論斷別人的態度。[11] 正因為不同宗教均具備和強調自身傳統的「屬靈操練」，莊士敦認為神祕經驗正好是宗教對話的切入點，因各宗教的神祕契默傳統，既反映共同的人性／靈性需要，又因各自不同的豐富傳統（包括神學、經歷、方法）而可以彼此交流分享，在屬靈操練的追求上，可以彼此借鏡，豐富自身的內涵。[12]

三 佛教對基督宗教的靈修有何助益？

莊士敦在《神祕神學》（*The Mystical Theology*, 1995）一書中指出，傳統基督宗教的靈修操練有四個不足之處：一、過分強調理性（悟性）的禱告；二、強烈的靈魂與身體二分傾向，認為屬靈操練與身體無關，甚至認為身體是靈性的攔阻；三、過於複雜難懂，不適合平信徒；四、缺少社會的向度，只屬自利的行為。[13] 莊士敦借助佛教的坐禪靈修方法，就是嘗試針對以上不足（除了第三點），提出在祈禱操練上的改進，嘗試結合基督宗教和佛教禪宗祈禱默想的智慧，以回應當代社會和教會欲尋找智慧和人內心平靜的需要。

既然禪宗的強處，正是坐禪的深度屬靈經驗，基督徒跟佛教徒的契默式祈禱的神學對話，既反映雙方在「存在的核心」(core of being)的神祕生活裏可以相遇，基督徒亦可因此更貼近上帝的存有，以及明白上帝的心意。[14] 因此，莊士敦肯定佛教禪宗對基督宗教的靈修是大有裨益的，因而不單在祈禱的操練方法上，還在靈修神學的反省上，作出多方面的提醒，這正是本文的討論重點。

傳統的靈修觀過於把身體和靈魂二分，總以為靈性的操練跟身體的操練無關，如此的操練，近似於印度教的「坐禪」(或稱禪那)，屬於隱修的操練，靈性的成長跟身體的健康無關(甚至主張禁食禁睡)，而靈性的向度亦跟現實世界的社會及文化無關。屬靈人只關心屬靈的事，世俗事務即或沒有拖累靈性的成長，也是對靈性成長沒有助益的。

莊士敦指出，基督徒首先要相信其他宗教具有普遍啟示，聖靈今天仍在他們身上有創造性的工作。[15] 當信徒學習契默式祈禱，開始之時，是停留在理性與感官的主導之下，僅浮沉於心靈表面意識之間——這種「水平式祈禱」(horizontal meditation)，並不能引領禱告者進入心靈的深處。在吸收了禪宗的觀點和方法後，莊士敦主張一種「垂直式祈禱」(vertical meditation)，主張我們的意識應一直「往下」(going down)。在祈禱的過程中，人應學習不為自己的靈性獲取甚麼造就和益處，反而是逆向而行，要不斷地捨棄(detachment)，放棄所依靠的理性與感覺，放棄以自我為中心，放棄一切二元分立(包括靈肉的對立)，從而進入人的心靈深層意識，萬物都在禱告者心裏合而為一，再不分彼此。[16] 這種反對二元分立，強調萬物本於「一」的思想，正是禪宗的智慧。莊士敦又認為，在上帝身上，一切對立都得以統一，上帝既是光又是暗，既是靈又超過靈（上帝是暗，是一種東正教的傳統，代表上帝的隱藏性；至於上帝超過靈之說，相信是受到佛家的「『空』是最超越一切實有的思想」所影響），既可被認識又同時不可被認識。[17] 這樣的理解，符合著名宗教學者魯道夫．奧托（Rudolf Otto）的主張，他認為神祕者（numinous）是不可言喻的。世間不單沒有任何言語、思想或概念可以徹底說明上帝或與上帝有關的事情；相反，言語、概念、三段式的推論、理性、邏輯等等，正是我們在祈禱中與上帝相遇的攔阻。[18] 要進入神祕者之中，禱告者需要放棄追尋上帝的本質（essence）為何、人的本質為何這類與本質有關的問題，而進入一種沒有文字、沒有形象、沒有概念的禱告，讓上帝自自然然地呈現，我們亦自自然然地與祂聯合（這亦是莊士敦所強調的「無為」）。[19]

其實，莊士敦並非全然否定理性，他只是強調要超越理性，通過契默式的祈禱淨化（purify）理性，使理性能掙脫語言、社會、世俗的限制，從而達至一個平衡的人生，一種理性和契默並重、身體與靈性合一的人生。[20] 莊士敦指出，理性看似在祈禱中沒有積極的功用，但理性在祈禱開頭，可以作為信徒的引導（例如引導信徒明白聖經和教會的教導）；又在祈禱結束後，作檢查的工作（例如問：我剛才是與上帝合而為一嗎？）。因此，我們實不應再重蹈理性與非理性、身體與靈魂的二元分立，而應作全人（holistic）投入、理性與契默並重的禱告。[21]

但一般信徒通常習慣了水平式的祈禱方式，不易進入如此具深度的垂直式祈禱，叫他們接受身體與靈性並重，實屬困難。因此莊士敦認為，提倡禱告操練的工夫，是十分重要的。禱告者最好有一套適當的操練方法，以及一位擁有屬靈經歷的導師作引導，如此才容易有所成就。但莊士敦並沒有把人操練的努力，看為靈修的成敗關鍵。他認為任何祈禱，都屬於「被注入的祈禱」（infused prayer），即任何祈禱果效，雖看似是人的一種攻克己身的操練結果，但事實卻是上帝藉著聖靈所賜下的恩典，不是人靠己力可以獲取的。[22]

莊士敦參考日本坐禪的方法，提出身體與靈性配合的修練方法。他主張身體並非邪惡的，祈禱也非單靠理性。因聖經亦有主張以身體禱告的例子，例如在出埃及記十七章12節中記載，亞倫與戶珥扶著摩西的手禱告，摩西的手何時舉起，以色列人就何時得勝。莊士敦認為坐禪的方法，可以幫助信徒超越語言和理性，從而進入心靈的深層意識。莊士敦特別提出三種強調身體的祈禱方法，包括蓮花坐姿、呼吸、唸誦禱文，它們能夠幫助信徒獲得合適的方法和指引，從而進入「悟」（enlightenment）。[23]

佛教主張不執取（無執），若過分強調只有上述的方法才可以得「悟」，反而對生命有害。莊士敦認為其他方法，只要能使禱告者進入「悟」，均可以自由使用，因目標永遠比方法重要，只要能讓禱告者得著內心之光即可。例如他提議信徒可以做一些運動，或練習中國太極拳，或唱首詩歌，或散步，或抄寫聖經等等。[24] 另一方面，莊士敦警告信徒不要過於沉迷追尋身體的神祕經歷。祈禱的目的，絕不是為要獲得甚麼神祕力量或未卜先知的能力，這不單是自利的行為，還有損敬虔；祈禱的目的，是為要得著對上帝的信仰和愛，從而有所回應和行動——去愛才是信徒靈修的真正目標。[25] 正如他多次強調，當基督徒可以與佛教徒一起祈禱時，就已經表達了一種和平共處、愛人如己的靈修踐行。[26] 正是在絕對的寧靜深處，我們可以操練「內聖」的工夫，開始體驗到一些現代人所缺乏的東西，包括：存在、愛、聯合。[27]

四「去愛」才是靈修應有的踐行

若靈修只著重「內聖」的操練，而靈修的目的只為自利，則肯定不是莊士敦的教導。在天主教和東正教的靈修傳統，亦有不少契默式祈禱的神學和操練方法，我們並不見得一定要透過耶佛對話，來學習禪宗的禪定理論和工夫。莊士敦提出耶佛對話的兩個理由是：第一，跟佛教徒對話，表明反對獨斷和排他，反對優勝論（triumphalism），即反對基督宗教優勝於其他宗教的立場。佛教徒是我們的鄰舍，具備深厚的靈修傳統，值得基督徒尊重和學習，跟他們對話必先心存謙卑，彼此接納、彼此包容，呈現一種互愛的狀態，如此，已經是在踐行靈修。[28] 第二，佛理中有不少討論可以幫助我們深化基督教的靈修神學，尤其在「去愛」的「外王」踐行上，給我們不少提醒。

1. 變成「在愛中的存有」

莊士敦借用禪宗語言，認為靈修（指契默式祈禱）要到達的境界，就是「悟」，這指的是神祕經驗所到達的巔峯，亦可說是一種高峯經驗（peak experience）。從基督宗教看，得悟的禱告者整個人被轉化，其心靈的多層意識被喚醒，經歷像死亡般的黑暗洗淨過程後，在上帝的恩典下，初嘗永生的甜美。[29] 而在這種高峯經驗裏，禱告者經歷了沒有限制的愛、完全的委身，信心得著光照。這樣的悟，亦可以無需通過契默式祈禱修練而獲得，單靠真實的信心和智慧，其實同樣可以在一剎那間，使信徒得「悟」(所謂的「頓悟」)。[30] 但莊士敦強調，祈禱的方法，能讓一般信徒走向與上帝聯合之道。祈禱所得到的，是一種「漸悟」，是一個過程，禱告者在心理上慢慢轉化得「悟」。[31]

莊士敦接受「成神」(deification)的觀念，認為在高峯經歷裏，禱告者可以慢慢被「神化」(divinized)，[32] 正如彼得後書一章4節中提及信徒可以「與上帝的性情有分」。因此，基督徒的悟，就是與上帝聯合，分受上帝的本性。人與上帝的聯合是通過愛，是上帝先愛我們，讓我們在契默祈禱中，與祂成為一體。禱告者在聖靈的保守下，和上帝達到不可分的「一」。人的存有，在悟中更新，因上帝是愛，上帝是「愛中的存有」(Being-in-love)，因而人在倒空了自己後，其真我亦變成「在愛中的存有」(being-in-love)。一個真正的人(authentic man)就是「在愛中的存有」。原罪使人墮落，但通過進深的靈修，在悟中的人，與上帝復和、聯合，其存有轉化為上帝的存有，其本性分受了上帝愛的本性，變為「在愛中的存有」。[33]

2.「去愛」是靈修的目的

今天，世界各處充滿苦難、紛亂、暴行，惟有愛才可以醫治整個宇宙，因為愛是人類能力的最高形式(the highest form of human energy)。當一個禱告者開放心靈歸向宇宙基督時，他的心靈同時向宇宙萬事萬物開放。不論是喜樂之事，還是憂傷之事，都在悟的高峯狂喜中，被禱告者擁抱、接納、包容，亦正在此刻，一切傷口都被包裹和醫治。[34] 愛不是語言或概念，愛是感受和行動。在強烈的愛中的人，其得悟亦是寧靜和深刻的，此等在愛中的人，意識到萬物同歸於一（包括好事壞事），亦在祈禱中放下自我，開放自己去愛。[35] 而「去愛」，亦正是一個靈修者從「內聖」的操練工夫，轉向「外王」的具體踐行的重要連接。

莊士敦認為貪婪是人類最大的敵人。貪婪叫人不惜一切抓緊慾望，使整個生命被困於我們所抓緊之物中，不得自由，還變成自私自利，連親近上帝的靈修，也是為了加增個人的利益。但佛教的禪定，就是要求修禪的人學習、思想、體驗「空」的道理，學習把一切（包括自我）捨棄，學習不為甚麼地「無為」，先把自己和自己的思想、情感、慾望空掉。[36] 因此，空掉自己，就不單是靈修在目標上的追求，還要通過靈修的操練，以及禪定方法的踐行，從而讓禱告者轉化到在日常生活裏，也學懂空掉和放棄——不單在靈修裏愛上帝，還要在日常生活裏愛世人。因此，莊士敦不大滿意祈求式的祈禱（prayer of petition），不滿意祈禱是為了天色常藍、事業有成、萬事亨通等等。[37] 當然，聖經內亦有記載主耶穌和使徒保羅的祈求（路二十二 32；羅一 9～10）。但主耶穌和保羅的祈求，是一種「代禱／代求」（prayer of intercession），他們並不是為了自身的利益而祈禱；相反，他們是先行空掉自己的小我，以上帝的心意作為他們祈禱的指引，去愛、去關懷別人的生命，這才是他們祈禱的目的。[38] 正如耶穌就是空掉自己的榮耀，取了人的樣式，成為一個謙卑的奴僕，與世人因驕傲而選擇離棄上帝和鄰舍迥然不同。而禪宗的空，就是在形式和內容上，提醒基督徒在靈修時，應該尋回主耶穌的柔和、謙卑、空掉自己。[39]

雖然佛教少說「愛」，在其常用的詞彙裏也很少出現「愛」一字，但並不代表佛教不強調愛的教義。莊士敦發現佛教是一個「去愛」的宗教，它雖然少說愛，亦不給愛一個名相，但卻強調以實際行動「去愛」。例如佛教充斥著「憐憫」的觀念，不但憐憫世人，還憐憫眾生（包括有感受的動物和沒有感受的死物）；而「菩薩」之說，更表明大乘佛教的理想人格，是為了憐憫世人，願意暫不成佛，在世間普度眾生，這充分反映出一種沒有限制的愛（unrestricted love），大有耶穌基督降世為人，憐愛世間的捨己形象。[40] 愛能洗淨世人的忿怒，消滅人內在和外在的暴力，消除壓制和不義。有愛的人，不是沒有了情感，亦不是沒有了忿怒，因人不可能沒有七情六慾。如果沒有了忿怒，亦可能變成沒有憐憫之心。但愛能洗淨人的忿怒，叫人的怒氣轉化為「公義的愛」（love of justice），一種願意為公義而奮鬥，甚至犧牲的愛。如此的愛，只能在深度的靈修經歷裏養成，在契默的經驗中，被上帝培育長成，從而成為愛。[41]

靈修操練當然跟聖靈有關，契默的祈禱是在聖靈的幫助和帶領下進行和完成的。莊士敦在詮釋契默式祈禱的神祕經驗時就認為，是上帝把祂的愛作為禮物，澆灌在人的靈魂裏。當人以「去愛」回應上帝的呼喚時，他就獲取了以人格化的愛（love personified）的形式出現的聖靈。聖靈就以愛的火燄，把上帝的愛，灌注於被聖靈充滿的人身上——雖然是藉著一種契默而寂靜的方式充滿，卻又充滿情感和浪漫。只有聖靈賜下的愛的火燄，才可以照亮世間的黑暗。[42] 寂靜是需要的，但它不是目的，它至多只是一個方法、一種途徑；通過了寂靜而得悟後，吸收了聖靈澆灌的愛，變成在愛中的存有，充滿了熱情和能力，以「去愛」的行動，來完成整個屬靈操練。

3. 去愛——靈修高峯經驗的永續

歷來禪宗對怎樣知道一個人已經得悟，存在著不可知的困難。人是否已得悟，如何分辨(discern)，惟靠禪師的直覺決定：禪師會通過不同的方法/智慧，憑直覺決定某人是否開悟，屬於十分主觀的判斷。但莊士敦在此問題上，卻提出了一個十分客觀的標準：一個契默祈禱的基督徒是否得悟，就看他是否在祈禱之後可以生發「去愛」的踐行。禱告者經歷了祈禱時的高峯經驗後，認同在歷史中生活的聖子耶穌基督的行徑，而自己既立志生活在父上帝的愛中，又產生愛世人的心腸。[43] 禱告者在悟中，是否活在上帝的愛中，是否已成為「在愛中的存有」，便是分辨一個基督徒是否得悟的客觀標準。禱告者一定要回到現實世界的生活裏。若他活像基督般去愛世界和愛貧苦軟弱者，結出聖靈的果子，如此便可以說，他已是一個真正得悟的人。[44] 當他真能在靈修後回到人間，著實落地去愛身邊的鄰舍，就算符合真正得悟的標準。[45]

歷來屬靈追求的另一困難，就是如何可以保持高峯經驗。即或某禱告者能夠擁有祈禱的高峯經驗，但當他/她從神祕的經歷回到世間時，又馬上回復一個普通人的狀態，仍會犯罪，仍會受諸多事物纏繞。高峯經驗不過是過眼雲煙，跟吸食大麻與性事高潮所達到的高峯經驗，同屬曇花一現，不能持續下去(maintenance)。如此的經驗，相信亦是不少弟兄姊妹在參加各類培靈會後的經驗。若靈修的目標純粹自利，高峯經驗的感受確實難以持續，有誰真的可以在吃飯如廁時也有神祕屬靈的經驗呢？可以像禪師般在日常生活保持心境平靜，看見萬物本無自性，不執取地活得自由，已屬十分難得。

莊士敦一直堅持基督徒的靈修目的是「去愛」。禱告者不是為了享受那種超越和神祕的高峯經驗，它不過是一種親近上帝的感受；祈禱的真正高峯，應是去愛，一種踐行在地上的愛，[46]

一種不單愛上帝，也同時愛世人的愛。[47] 正如莊士敦強調以下的弔詭：契默式祈禱給人的印象是靜寂、不動、抽離的，但一個理想的契默式祈禱，卻是在行動裏（in action），在喧嘩鬧騰（hurly-burly）的生活中經驗的。[48] 行動從祈禱中湧溢出來，產生的行動是對缺乏者、貧窮者、基層者的憐憫。[49] 莊士敦認為主耶穌是世人的原型（archetype），祂的自我實現，亦應是世人的自我實現；而從聖經可輕易得知，主耶穌認同世上的缺乏者、患病者、受苦者。故此，任何追求以靈修親近上帝的信徒，都必須以主耶穌為榜樣。[50] 跟缺乏者與受壓迫者聯合和團結，正是基督宗教的祈禱的核心所在，因不論是宇宙基督，還是歷史耶穌，均是如此行動，[51] 而上帝，是一位跟缺乏者同在和一同受苦的上帝。[52]

莊士敦理解的禱告者的存有，在高峯經驗時變為「在愛中的存有」。禱告者從上帝領受愛，自己亦因而變為愛的化身：既愛上帝，又愛地上一切眾生。[53] 要令悟持續，就要學效耶穌，在日常生活中愛世人。[54] 莊士敦引用中國禪師廓庵所創製的「十牛圖」中的第八幅《人牛俱忘》與第十幅《入廛垂手》（參下圖），指出所有禱告者的最終目標，都應該回到世間，回到最生活化的市集（return to market place），不應在深山修練，而應回到世間關心弱小、建立友誼、愛鄰舍，如此不單是悟的持續，還可以說是悟的發展和悟的深化。[55]

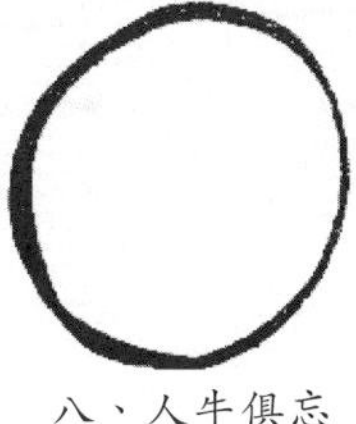
八、人牛俱忘

十、入廛垂手

《人牛俱忘》代表得悟者進入高峯經驗時，放棄事物的二分，一切對立皆合為一（人與牛皆不再二分）——如此是不少獲高峯經驗者的體會，但亦不過是內聖的工夫。更重要的是《入廛垂手》，代表禱告者領悟了高峯經驗後，回到人羣聚居的地方（即廛的意思），自由自在、任運自在地（垂手）濟度眾生，這才是得悟的最高目標。[56] 禪宗強調生活化，而「在當下生活度日」是禪一個明確的教導。靈修者在得悟後，又回到日常生活的世界保持悟的高峯，以愛的行動來成就靈修的外王踐行，完成整個靈修操練。[57] 這不一定是甚麼偉大的事業和工程下的殉道情結（例如為了叫人相信耶穌而前赴遠方宣教），卻是在日常生活的大事和小節裏，表達出去愛的踐行，包括原諒得罪我們的人、接納異己、犧牲利益幫助有需要者、包容不同的意見、寬恕……

莊士敦強調，去愛是有特定對象的。除了愛上帝，還應該愛世上所有的人，尤其是缺乏者。莊士敦非常欣賞佛教中觀世音菩薩的形象，因觀世音為愛世上的缺乏者，甘願放棄成佛，聆聽世人的哭訴和哀求，認同他們的痛苦。莊士敦指出觀世音所代表的慈悲，正是基督徒需要學習的。[58] 當人變為在愛中的存有後，促進世界和平是禱告者的人生目標。莊士敦當然不是天真地以為只要改變人心，使人心裏得悟有愛，便能拯救世界和貧窮的人。他並沒有輕看社會結構和經濟結構所帶來的罪惡。但他相信佛家的「業力」概念，認為當世上愈來愈多人得悟去愛後，終有一天，當這愛的業力累積充足後，世界將得改變。上帝有祂的工作，祂會改變人心。[59]

五 結語

本文的重點，並非鼓吹契默式祈禱方法，亦不是要否定新教教會所教導的靈修方法。正如莊士敦所說，方法是次要的，能達到靈修的真正目標才是最要緊的。靈修的目標不應只有自利的考慮，也不應只停留在寂靜不動之中，亦不應以追求高峯經驗及其持續為首任。本文嘗試以比較神學的方法，以禪宗的禪定操練為參考，指出基督宗教應該有卻被忽略的地方，特別是靈修的目標，應該是有行動地去愛；而靈修的真正踐行，亦不應是一種靜態、不動的打坐，與現實世界徹底分離，反而應是回到日常生活的世間，在我們生活的大事和小節裏踐行和平，去關愛別人，尤其是社會上的弱勢羣體，還有我們身邊的鄰舍。通過靈修，我們不單與上帝聯合，還分受了上帝的本性，就是愛的本性。反過來說，未能產生愛的行動，不論我們自認如何與上帝相親，看來不過仍是把靈修當作一種自娛和享樂，而不是真的與上帝聯合。靈修應該培育出利他和去愛的生命，關懷身邊的鄰舍、關心社會的公義、關切政制的發展、關注經濟的模式，以行動去服事和關愛有需要的人。最後，讓我們以莊士敦的一段話作結：

> 正因只有上帝具有「愛中的存在」的全部意義，凡被造物變為「在愛中的存有者」，就是參與在神聖的本質中和被神化了——這就是靈修的教義。[60]

註釋：

1. William Johnston, *The Wounded Stag: Christian Mysticism Today* (New York: Fordham University Press, 1984 1st ed., 1998 reprint) , 13.
2. William Johnston, *Being in Love: A Practical Guide to Christian Prayer* (New York: Fordham University Press, 1988 1st ed., 1998 reprint), 20; William Johnston, *Mystical Theology: The Science of Love* (New York: Orbis Book, 1995), 57 ~ 59.
3. 有關莊士敦的靈修神學介紹，可參蘇遠泰：〈論莊士敦的靈修神學——基督教與佛教對話的個案討論〉，《中國神學研究院期刊》第 30 期(2001 年)，頁 109 ~ 129 及 So Yuen Tai, " William Johnston's Contemplation Approach to Buddhst-Christian Dialogue " *Ching Feng* 42 (1-2): 83 ~ 110。
4. William Johnston, *The Mirror Mind: Zen-Christian Dialogue* (New York: Fordham University Press, 1981 1st ed., 1990 reprint), 16.
5. Johnston, *Mystical Theology* , 251.
6. William Johnston, *Christian Zen* (New York: Fordham University Press, 1971 1st ed., 1997 3rd ed.), 10.
7. Johnston, *The Mirror Mind*, 3 ~ 5.
8. William Johnston, *Silent Music: The Science of Meditation* (New York: Fordham University Press, 1974 1st ed., 1997 reprint), 169.
9. Johnston, William, *The Still Point: Reflections on Zen and Christian Mysticism* (New York: Fordham University Press, 1970 1st ed., 1998 7th printing), 183.
10. William Johnston, *The Inner Eye of Love: Mysticism and Religion* (New York: Fordham University Press, 1978 1st ed., 1997 reprint), 7.
11. Johnston, *Being in Love*, 142.
12. Johnston, *Mystical Theology*, 251.
13. Johnston, *Mystical Theology*, 89 ~ 90.
14. Johnston, *Being in Love*, 144; Johnston, *Mystical Theology*, 135.
15. Johnston, *The Still Point*, 138 ~ 141。這樣的見解，與天主教梵蒂岡第二屆大公會議有關對非基督宗教的態度十分一致。參中國主教團祕書處編譯：〈教會對非基督宗教態度宣言〉，載《梵蒂岡第二屆大公會議文獻》，六版（台北：天主教教務協進會，1996），頁 643 ~ 649。
16. Johnston, *The Still Point*, 50, 54, 62, 68, 71 ~ 72, 97 ~ 98, 186 ~ 87.
17. Johnston, *Mystical Theology*, 14 ~ 17.
18. Johnston, *Christian Zen*, 57 ~ 61。另參魯道夫．奧托：《論「神聖」》，成窮、周邦憲譯（成都：四川人民，1995），頁 1 ~ 35。

19. Johnston, *Being in Love*, 56 ~ 57.
20. Johnston, *Being in Love*, 49 ~ 50.
21. Johnston, *Being in Love*, 154.
22. Johnston, *Being in Love*, 44 ~ 48; Johnston, *Mystical Theology*, 52.
23. 詳參蘇遠泰：〈論莊士敦的靈修神學〉，頁 116 ~ 119。
24. Johnston, *Being in Love*, 25 ~ 26, 40.
25. Johnston, *The Inner Eye of Love*, 194 ~ 195.
26. Johnston, *The Wounded Stag*, 148 ~ 154, 178 ~ 180, 198.
27. Johnston, *Being in Love*, 89.
28. Johnston, *The Mirror Mind*, 18 ~ 20.
29. Johnston, *The Mirror Mind*, 59.
30. Johnston, *The Wounded Stag*, 12 ~ 13.
31. Johnston, *The Wounded Stag*, 68; Johnston, *The Inner Eye of Love*, 143.
32. Johnston, *Mystical Theology*, 56; Johnston, *The Wounded Stag*, 63.
33. Johnston, *Being in Love*, 129 ~ 131.
34. Johnston, *Silent Music*, 136 ~ 137.
35. Johnston, *Silent Music*, 65.
36. Johnston, *The Wounded Stag*, 129 ~ 130.
37. Johnston, *The Inner Eye of Love*, 165.
38. Johnston, *The Inner Eye of Love*, 167 ~ 168.
39. Johnston, *Being in Love*, 104 ~ 105.
40. Johnston, *The Inner Eye of Love*, 67 ~ 68.
41. Johnston, *The Inner Eye of Love*, 177 ~ 178.
42. Johnston, *The Inner Eye of Love*, 21 ~ 23.
43. Johnston, *The Inner Eye of Love*, 160 ~ 162.
44. Johnston, *The Inner Eye of Love*, 158 ~ 160; Johnston, *Mystical Theology*, 109 ~ 110.
45. Johnston, *Mystical Theology*, 68.
46. Johnston, *Silent Music*, 90.
47. Johnston, *The Wounded Stag*, 77.
48. Johnston, *The Wounded Stag*, 126.
49. Johnston, *The Inner Eye of Love*, 174.
50. Johnston, *The Mirror Mind*, 47; Johnston, *Mystical Theology*, 148.
51. Johnston, *The Inner Eye of Love*, 132.
52. Johnston, *The Wounded Stag,* 122 ~ 125.
53. Johnston, *Silent Music*, 90; Johnston, *The Mirror Mind,* 136; Johnston, *Mystical*

Theology, 186.

54. Johnston, *Mystical Theology*, 148.
55. Johnston, *Silent Music*, 86 ~ 91.
56. 關於「十牛圖」的介紹，可參李普士編：《禪的故事 —— 禪肉禪骨》，徐進夫譯（台北：志文，1995 再版），頁 199 ~ 222。
57. Johnston, *Mystical Theology*, 242.
58. Johnston, *The Mirror Mind*, 172 ~ 176.
59. Johnston, *The Wounded Stag*, 136, 197 ~ 198; Johnston, *Being in Love*, 166.
60. 「靈修」原文是「神祕主義者」（mystics）。參 Johnston, *The Mirror Mind*, 83 ~ 84。

8

五旬宗的靈修操練：一種與聖靈同行的生活方式

張天和

一　引言

一九九四年下半年的某個星期日下午，筆者獨自坐在家中客廳，全情投入地觀賞一段外國詩歌敬拜聚會的錄像，有如置身其中參與敬拜。期間，筆者有一個特別的屬靈經歷。當聚會進行至一半，領會者領唱 *Hallowed Be Your Name*（《願人都尊祢的名為聖》）一曲讚美上主時，筆者不知何故突然大哭，過了好一會兒（約四十五分鐘），情緒才慢慢平伏。筆者透過這次經歷，體會到聖靈更新了我的靈命，釋放了我的情感。這讓筆者的心靈更柔軟，對神對人，皆更開放地投放情感。及後，筆者經常被上帝感動，敏銳聖靈的帶領，敏感別人的需要，經歷聖靈的工作。筆者又在五旬宗信仰的靈修操練中，繼續學習過一種與聖靈同行的生活方式。因此，筆者盼望與大家分享。

當談到五旬宗的靈修神學及操練時，少不免會涉及五旬宗與福音派之間關於聖靈論的不同觀點。例如：福音派聖靈論將靈浸等同歸信經驗，五旬宗則認為在歸信後要經驗聖靈充滿；福音派聖靈論側重保羅聖靈論，較強調救恩的向度，五旬宗則著重路加聖靈觀，強調靈恩的向度等。[1] 有關討論在學術界仍是沒完沒了。

筆者無意在本文處理上述的討論，只欲藉介紹五旬宗的靈修操練，幫助信徒在當下紛亂的香港社會中，以一種與聖靈同行的生活方式，活出基督徒的樣式。同時，筆者作為五旬宗派一分子，樂意與弟兄姊妹分享自己有關五旬宗靈修操練的體會，及其對筆者的影響與幫助。

二 五旬宗神學的根源 [2]

二十世紀的五旬宗及靈恩運動衍生自十九世紀的聖潔運動，其神學思想主要承傳自前兩個世紀五方面的神學思想，包括：

1. 約翰．衛斯理（John Wesley）的成聖觀：重生只是聖靈的初步工作，信徒需要追求及經歷聖靈第二次的工作，以致得著即時及戲劇化的靈性改變和更新，從而對上帝有更完全的愛，更有力量對付罪，達至全然成聖。
2. 凱錫克「更高生命」運動（Keswick Higher Life Movement）的「得力」觀點：靈浸的首要目的，是讓信徒得著能力，在世上作耶穌的見證人。
3. 神醫運動思想：查理．庫利（Charles Cullis）、宣信（A. B. Simpson）及哥頓（A. J. Gordon）等人對神蹟醫治的強調，尤其宣信提出「四重福音」[3]中基督是醫治者之觀念，對五旬宗的教義與信仰踐行，留下深遠的影響。

4. 時代論的前千禧年觀：在末世論的立場上，五旬節運動接納前千禧年觀而拒絕後千禧年觀，認為人世間將變得愈來愈黑暗，敵基督出現，主基督在七年大災難後再臨，開展地上基督與聖徒統治的千禧年國度；信主的得永生，不信的永遠沉淪，人類惟一的盼望，就是聽福音歸信救主。
5. 復原主義（Restorationism）：教會應該重尋使徒時期教會的屬靈活力，追求各種恩賜在教會中恢復使用，回復昔日教會的風采。

筆者自身的信仰經歷，跟上面提及的前三點有很多吻合之處，是筆者本來從未想過，卻親身經歷了的。感謝上帝的厚恩，讓筆者有如此經歷。

三 五旬宗神學特徵

其實，在教會的教義方面，五旬宗沒有甚麼特色可言。他們的立論點，所持守的有關聖經的神聖權威、三位一體、道成肉身、救贖的客觀意義等神學見解，都與正統神學無異。然而神學反省並沒有啟發他們進一步並深入地思考各種神學議題；他們知道這不是他們的運動真正熱中的東西。他們對聖經的闡釋簡單直接，主要著重及持守聖經字面上的意義。似乎很少人知道或關心到，在他們當中，有信徒正透過「靈恩經驗」去建構不同的神學及教義。在他們的宗派裏，對於承襲的傳統，不論是在教義上還是靈修方面，他們所關心的，不是對這些傳統加以反省，而是重新賦予它們生氣，及其在具體處境中的意義。他們所關心的，主要是應用層面。

五旬宗信徒是一羣忠心的宗派主義者，他們以教會所宣講的為起點，獻上他們的思想、禱告和精力去復甦教會的事工，同時透過更新的經驗，表達出五旬宗信仰的特徵。這些特徵共有五個，雖然各個特徵在著重點、複雜程度和靈活性上，都大不相同，並且根據不同人的說法，配合著不同的神學系統；但他們聯合起來，就廣義地成為全世界五旬宗靈恩更新運動思想上的支柱。下文將逐一論述這五大特徵。

1. 信主後另一次更豐盛的屬靈經驗

基督徒一旦開始積極地回應上帝，過一段時間，上帝通常會在他生命裏成就重大的工作。這工作與福音派信徒所理解的悔改不同，又與大公派聖禮主義者，包括羅馬天主教、正教會和聖公會人士所理解的受洗歸入基督不同。這福分通常是需要特別向上帝尋求，又或者需要用上一段長時間尋求的。在新約聖經的詞彙基礎上，這經驗常被稱為聖靈的洗（簡稱「靈洗」），其實是指第二次恩典（second blessing）。

「靈洗」通常被闡釋為廣闊地加深基督徒對下列四件事情的意識：

- 意識到上帝以完全的愛愛他，藉著救贖和收納他為兒女，上帝已成為他的天父，使他獲得作為榮耀後嗣的權利；因此，他已真正成為天國的擁有者和居民。
- 他經歷到與主耶穌基督的親密相交，祂賜他足夠需用，是他活在世上的慈愛的救主、主人及朋友。

- 進一步體會到聖靈與基督徒的關係，就是聖靈居中的、幫助和支持的能力，活現於他生命的各個層面。
- 敏感於現存的邪惡，以及認識到對抗那「管轄這幽暗世界」的惡魔的屬靈爭戰(弗六 12)是基督徒生命和事奉的基本元素。

2. 説方言

説方言的能力通常是隨著「靈洗」而來的記號。它被視為擁有從上帝而來的能力，目的乃為幫助信徒禱告與讚美上帝，其寶貴之處在於保持，甚至提升敬拜者在崇拜、悔罪、祈求和代求方面的操練。一般認為説方言的恩賜，主要是為個人靈修所用。主觀地説，就是當人把他的心靈提升朝向上帝時，他的舌頭就自由運轉，就像學游泳一樣，將自己全然交託給媒介物。這是一種信靠的表現與方式，也是一種日常的操練。

説方言，一如其他人説話一樣客觀，講説的人完全是理智的，他完全可以控制自己的意志，他的思想狀態絕無怪異之處。那些開始了講方言的人，之後通常都會繼續講方言，作為一種禱告模式。他們可以隨意進入這種禱告。雖然依照保羅在哥林多前書十四章 1 至 19 節的評價，他們接受説方言是較微小的恩賜，但他們仍重視它，因為方言對他們的靈修生活大有幫助。當人掌握到如何説方言後，不論他開始時是自發，還是不由自主的，都無損説方言於他在靈修方面的價值。

3. 屬靈恩賜

五旬宗信徒理解到恩賜是表明和傳達基督的權能與知識的能力，用以造就教會。於是，他們經常宣告，儘管所有新約時代的「表記恩賜」(sign gifts)式微了許多個世紀，但現今又被重新重視，亦再次供信徒領受。當然，基督教世代相傳而較普遍的恩賜，諸如教導、執事、治理、施捨、幫助人等（參羅十二4～8；林前十二 28～30），上帝今天仍舊賜下。

因此，他們力言在聖靈裏受洗的人，通常領受多種恩賜，沒有基督徒是一無所有的。所以藉著分辨和運用每個基督徒的恩賜，以達致「百節各按各職，照著各體的功用彼此相助，便叫身體漸漸增長」（弗四 16），這種總動員事奉，應該成為地上教會的標準作風。而會眾的行為模式，亦必須充分分散、靈活、從容地讓這種作風推行開去，而不加以阻礙。一切恩賜都是為了建立基督的身體，所以必須善加運用，配搭合宜，以促成這個目的；依照保羅對「肢體模式」的說法，就是不同功能表達出相互的關顧（參林前十二 4～26）。

4. 在聖靈裏敬拜

敬拜上帝應該是藉著聖靈，個別體悟與聖父和聖子的相交，以及與上帝所召集的其他家庭成員一起領悟屬靈的團契。耶穌基督是我們的中保及救贖者，與聖父及聖靈一同被愛和尊崇，祂必然是我們一切敬拜的中心。所以敬拜者必須恆常抓緊和探索上帝給予他們在這大家庭裏的身分——他們全都是上帝的兒女。故此，會眾聚集時，敬拜的禮儀結構必須充分擺脫規限和形式化，容讓自發性的投入和發揮，並且要有適度的輕鬆氣氛，循序漸進，好讓大家能沐浴在與上帝和眾人一起的感覺中。

不同的五旬宗團體有不同的崇拜形式，但他們的目標卻是一致的。雖然五旬宗的崇拜有節奏快及激情的一面，但它也有節奏慢的一面，並且重視重複要點；這些特點，與歷史上聖公會及羅馬天主教的禮拜形式無異。若然我們形容五旬宗的敬拜，是集中於將熱烈的回應態度和感受表達出來，而較古老的禮拜儀式是古典的，藉著超卓莊嚴的形式稱頌上帝，又提升崇拜者的情操，這種講法雖不中亦不遠矣。無論如何，五旬宗的敬拜，是以在我們內心深處向上帝真正敞開為目標，好使每個敬拜者的腦海中，有許多意念在打轉，進而找到上帝，而且頌揚及享受到在祂裏面的生命是如斯真實。因此，五旬宗信徒屢屢堅持要達到以上的目標，是需要時間去培養的。持續兩、三小時的五旬宗式崇拜，不是甚麼奇事，它不但不會弄得人筋疲力竭，反而在人的情感和動機層面上，帶來一種深深的潔淨和振奮力量。

5. 上帝的更新計劃

一直以來，五旬宗派的事工以及五旬宗信徒對其信仰之表彰，或多或少，都確信靈恩更新運動是上帝今天復興教會的主要工作。故此，那些認同這運動的人，不單覺得他們可以自由去講，甚至有責任去思想和談論這偉大的事。他們也深覺從上帝領受認識上帝的這種特殊方法是一種靈恩經驗，雖然其他基督徒有時視之為幼稚，他們也不會退避而不去談論。

靈恩更新運動是今天教會健康之鑰這信念，雖然在不同的五旬宗派代言人口中有不同的表達方式，但信念本身是一致的。

以上就是五旬宗派所確信的信仰特點。如上文所述，從歷史上看，所有五旬宗信徒都溯源於上世紀初的五旬節派浪潮。從教義上看，是溯源於衞斯理傳統的福音信仰敬虔主義，他強調聖靈的洗是悔改歸信後的必然經歷，而這經歷的印記，就是說方言和超自然的醫治。在他們每天的屬靈生活裏，五旬宗信徒的目標是從情感、實存經驗、確據、理智各方面，繼而在心靈裏體會與上帝結連；這個目標也與早期五旬節派的目標一致。[4]

四 五旬宗靈修？

甚麼是靈修？南加洲大學（The University of Southern California）哲學及靈修學教授魏樂德（Dallas Willard）曾用這樣一個比喻：靈修就是「經歷生命的轉化力量（transforming power）」，如同燈泡中的鎢絲，在通上電流後發出光來。在物理上，這完全是兩種形質現象。一斷電，燈泡中的鎢絲只是條黑色的金屬細線，與那可見不可摸的刺眼光芒一點關連都沒有。燈泡有發光的潛能，但若沒有電流的流通，它永遠不會自己亮起來。基督徒的靈修，就像接上燈座，按下開關的燈泡，讓基督的靈運行流通，心靈便產生連心理學也解釋不了的改變，由冷漠、剛硬，變成溫暖、有光、有熱、有愛。[5]

基督徒的靈修是經歷與主同行，使自己的潛能完全被上帝的靈激發出來。我們的生命若與基督的靈隔絕，那麼便注定與這世界一同在黑暗、混亂與虛謊之中。但是若與祂連結，就如同約翰福音所說的，祂的光將透過我們，照進這世界，顯明一切。

至於五旬宗靈修，較難有一個清晰的定義。天主教學者拉爾夫．德爾科爾（Ralph Del Colle）如此建議：「五旬宗靈修操練是一種藉著這位以同在、能力和彰顯去見證復活基督的聖靈，在禱告及讚美中與上帝、自己、鄰舍和一切受造物交往的操練。」[6] 羅素．史別拿（Russell P. Spittler）指出五旬宗靈修操練著重五方面：個人經驗、口述性、自發性(即興式)回應聖靈的帶領、他世性、忠於聖經權威。[7] 他承認這五方面跟五旬宗神學的特徵，如説方言、靈浸和神醫禱告等沒有直接的關係，只是作為禱告及讚美的一種方式。[8]

五 五旬宗靈修特徵

五旬宗學者蘭特(Steven J. Land)認為五旬節主義重視靈性(spirituality)多於系統式的神學。他認為五旬宗靈修首先以基督為中心，強調「五重福音」，[9] 更強調聖潔與權能的整合。他甚至認為「公義、聖潔和上帝的權能整合所表現出的默示情感(apocalyptic affection)是五旬宗靈修的核心」。[10] 同時，他努力闡述五旬宗靈修著重信仰與踐行的整合，關注正統(orthodoxy)、正行(orthopraxy)及正情(orthopathy)三方面的平衡。[11]

靈恩的經驗(即五旬節派人士的情感)正反映上帝的國度已在基督及聖靈的活動中展開。由於仍未完成，故對於將臨中的上帝國度的異象，可以成為轉化今天世代的能量，這也是上帝權能的展現，要改變整個宇宙和世界。

哈費．覺士(Harvey Cox)指出五旬宗靈修能夠越過信仰與崇拜禮儀，指向人心靈深處的需要，滿足人心靈的飢渴。他更形容五旬宗靈修是一種「原始靈修」(primal spirituality)，它能幫助人重尋：(1)原初的語言(primal speech)——方言是一種心靈語言，由心而發，在靈裏禱告，這是一種神祕的高峯經驗；[12] (2)原初的敬虔(primal piety)——指異象、異夢、醫治、靈舞等方式，以表達對上帝的敬拜和讚美，也是神人之間的溝通方法，這是一種神祕契合經驗；[13] (3) 原初的希望 (primal hope)——指向未來千禧年的盼望，深信耶穌基督必再來，這是一種對更美的未來的期盼。[14]

五旬宗靈修的特色是首先擁有被聖靈充滿的經驗，並在每天的生活中，繼續經歷聖靈的工作，然後發展其神學解釋。他們的解釋只是為要對應福音派人士的質疑，並無意圖建立其靈修神學。因此，要循五旬宗的神學窺探五旬宗靈修，是極其困難的。

六 靈恩經歷與靈修的關係

彭順強引用由傑士丁臣 (Larry Christenson) 所統籌，有關「靈恩經歷」的研究，有以下各方面的結論：

1. 靈恩經歷是人與基督的相遇，因而人經歷被聖靈充滿，這加強了人對聖靈繼續臨在及同行的信心；
2. 他們相信靈恩經歷是直接和個人地經歷上帝的實在。他們經歷到上帝的權能、慈愛，此經歷帶來強烈而真實的上帝臨在的感覺，能增強個人在信仰上的真實感；
3. 信徒在經歷中，經歷耶穌這位活著的主當下的臨在，被愛以致順服，這種體驗讓信徒意識到祂的拯救及釋放的能力。從另一角度看，這經歷是有關基督在個人生命中和上帝的國度中作王；
4. 信徒在經歷中，體會到聖靈是獨特的，祂給予信徒能力，使他們有力量參與事奉，以及過聖潔的信徒生活。

總的來說，靈恩經驗使信徒更意識到聖靈的臨在和工作，使信徒身上更顯出基督的大能。[15] 這是一種與聖靈同工同行的生活體驗，也是筆者經歷聖靈的特別工作後的一種真實體會。

最後，筆者這樣總結對五旬宗靈修的簡介：五旬宗靈修操練注重經歷上帝的同在，投入敬拜讚美，在其中與上帝相遇；同時，五旬宗靈修操練重視上帝的權能，敏感於靈界爭戰。對習慣以理性推理，以科學方法研究聖經及神學的福音派人士來說，五旬宗靈修操練的確可以提供一條突破理性限制，多用情感去親近上帝之路。

郭鴻標評論五旬宗靈修時，指出它「在世俗化洪流中展示一種超越社會學與心理學能解釋的宗教力量。這種神魂超拔的經驗使人越過日常生活的有限經驗，踏足屬靈的世界」。[16]

七 活出與聖靈同行生命的十種操練

上文已介紹過五旬宗靈修的一些重點，筆者在文章最後部分跟大家分享一些自身嘗試過的操練。這些操練主要來自四方福音會（筆者所屬教會宗派）前會長傑克・海福德（Jack Hayford）的著作 *Living the Spirit-Formed Life* 的內容，當中包括了十種操練：

1. 第一種操練：聆聽上帝的聲音 [17]

「我的羊聽我的聲音，我也認識他們，他們也跟著我。」（約十 27）

研讀上帝的話，是明白真理與靈命成長的基礎。上帝的話不只提供資訊，更要向祂的子民說話，藉以教導、引導、督導、指導及保護他們。因此，信徒要明白及學習聖經中上帝話語的心意，讓真理的聖靈引導我們進入真理，並轉化我們的生命。

2. 第二種操練：活在洗禮的能力中[18]

「耶穌回答說：『你暫且許我，因為我們理當這樣盡諸般的義。』於是約翰許了他。」(太三 15)

耶穌命令每一個接受祂救贖恩典的人要接受洗禮，這不單是要我們完成一個責任，而是要我們經歷上帝的大能。這大能是以服從接受洗禮作起始點，透過聖靈的能力，我們願意順服耶穌的主權，並委身於過一種「向罪死，向上帝活」(參羅六 11)的生活方式。

3. 第三種操練：嚴守主餐[19]

「他們吃的時候，耶穌拿起餅來，祝謝，就擘開，遞給門徒，說：『你們拿著吃，這是我的身體』；又拿起杯來，祝謝了，遞給他們，說：『你們都喝這個……』」(太二十六 26～27)

每次領受聖餐，都是要帶領我們到基督教信仰的重要元素——十字架，並使我們聚焦在救贖主耶穌身上。領聖餐不只是記念主在十字架上的痛苦，更是記念祂為我們受死後的得勝。領聖餐時，不只是記念主的寶血遮蓋我們的死罪，耶穌也透過聖靈活在我們裏面，讓我們經歷基督臨在聖餐中之能力，使我們有力量繼續服事祂，直到下次再領聖餐。

4. 第四種操練：常常學習踐行寬恕之道[20]

「於是主人叫了他來，對他說：『你這惡奴才！你央求我，

我就把你所欠的都免了，你不應當憐恤你的同伴，像我憐恤你嗎？』」(太十八 32 ~ 33)

藉著基督的死，罪得著赦免，從此開拓了一條白白賜予恩典之路。我們經歷了這赦罪之恩的人，要學習踐行「白白得來，白白捨去」，因耶穌這樣說：「你們各人若不從心裏饒恕你的弟兄，我天父也要這樣待你們了」(太十八 35)。

5. 第五種操練：被上帝的話語餵養 [21]

「耶穌卻回答說：『經上記著說：人活著，不是單靠食物，乃是靠上帝口裏所出的一切話。』」(太四 4)

恆常而穩定的讀經生活是必須的，因上帝的話是我們信心、力量、成長、智慧的資源。

6. 第六種操練：保守純全的心 [22]

「清心的人有福了！因為他們必得見上帝。」(太五 8)

我們認識上帝，不應單靠頭腦和理性，更要用心去認識及體會上帝。我們當然可以透過理性去理解上帝向我們所揭示的真實，理性卻有時也會限制我們對上帝的認識。上帝願意我們用心跟祂建立親密的關係，從而對祂有更透徹的認識。聖靈能幫助我們像小孩般謙卑、單純地親近上帝。

7. 第七種操練：活在聖靈裏 [23]

「信我的人就如經上所說：『從他腹中要流出活水的江河來。』」(約七 38)

我們作為基督在地上的代表，實在需要聖靈天天加力予我們。耶穌在升天前應許：「但聖靈降臨在你們身上，你們就必得著能力，並且要在耶路撒冷、猶太全地，和撒瑪利亞，直到地極，作我的見證」(徒一 8)。保羅在加拉太書五章 25 節說：「我們若是靠聖靈得生，就當靠聖靈行事。」「行事」(walk) 在這裏的希臘文用字"*stoicheō*"，是指依循軌迹而行、持守一個準則，亦即在他人管理下前進。因此，我們要常活在聖靈裏，被聖靈充滿，讓上帝的愛與能力時常更新我們的生命。

8. 第八種操練：活出順服的生命 [24]

「於是耶穌對門徒說：『若有人要跟從我，就當捨己，背起他的十字架來跟從我。』」(太十六 24)

耶穌的門徒要學效他的主，聖經提醒我們要學效主的謙卑，作眾人的僕人，正如基督一樣：「……不是要受人的服事，乃是要服事人，並且要捨命，作多人的贖價」(太二十 28)。

9. 第九種操練：踐行獨處 [25]

「次日早晨，天未亮的時候，耶穌起來，到曠野地方去，在那裏禱告。」(可一 35)

我們在日常生活操練與上帝交往之外，亦要發展一種恒常、單獨經歷上帝同在的習慣。缺乏獨處的操練，生命與事奉便容易失去方向，經常會產生懷疑、失望等情況；若經常操練，生命就常經歷到聖靈的加力。

10. 第十種操練：作敬拜者 [26]

「時候將到，如今就是了，那真正拜父的，要用心靈〔靈〕和誠實〔真理〕拜他，因為父要這樣的人拜他。」(約四 23)

敬拜是每一個信徒優先要做的事情，這不單因為上帝配得敬拜，而是因著透過敬拜，我們邀請上帝臨在我們的生活中。敬拜也是十種操練中最首要的，因敬拜能打開經歷上帝超自然的大能及同在之門，又容讓上帝的管治淨化我們的生命。同時，敬拜也能帶動我們向上帝禱告，而禱告是建立與上帝密切關係的必經之路。

因此，作敬拜者，是經歷一種與聖靈同行的生活方式所必須的。

八 總結

一九九六年下半年的某個星期三晚上，筆者再次經歷聖靈特別的工作。筆者帶領十多位在當晚出席教會祈禱會的弟兄姊妹前往參加一個「特會」。講員在講道後，邀請教牧人員走到講台前，要特別為他們禱告，求上帝讓他們經歷聖靈特別的工作。當講員為筆者禱告時，有一股強大而不能抗拒的力量將筆者向後拉，筆者就倒在地上。當時，筆者經歷上帝藉著聖靈有如流水般沖刷生命，歷時約十五分鐘（其實筆者曾在信徒面前公開表示不接受這種經驗，但當晚卻在信徒面前有此經驗）。之後，筆者的生命起了重大的改變，時刻渴慕上帝的同在，被聖靈充滿，經常鼓勵信徒體驗上帝的實在，經驗聖靈工作的真實。

筆者深深地體會到與上帝同行，不是一種於特定時間在隱密處的修練，而是在日常生活中時刻的渴慕；不是在某個時間親近上帝，而是隨時隨地順服上帝。在筆者的經驗中，五旬宗靈修操練及在聖靈裏的經歷，是一個重要的方向，願弟兄姊妹多學習過一種與上帝同行的生活方式。

最後，筆者與大家分享一首常唱的詩歌——《聖靈，我們真歡迎祢》。[27]

聖靈，我們真歡迎祢，聖靈，我們真歡迎祢。

1. 求祢聖火焚燒我們，如今我們放下世上所愛，
舉雙手深深渴慕祢，

2. 願祢奇妙同在顯明，將祢心意教導祢的兒女，
順從祢跟從祢引導，

3. 願祢旨意今日成全，在我身上完成新的工作，
降服祢毫無保留，

親愛聖靈，我們歡迎，親愛聖靈，歡迎祢來。

註釋：

1. 進一步的討論參郭鴻標：〈聖靈充滿與靈命更新〉，載《靈恩運動的反思》，廖炳堂編（香港：建道，2007），頁 29 ～ 37。
2. 參廖炳堂：《靈修神學 —— 理論與實踐》（香港：建道，2010），頁 368 ～ 369；另參網址：http://www.emlhk.org/?page_id=85，瀏覽於 2014 年 9 月 16 日；http://zh.wikipedia.org/wiki/%E9%9D%88%E6%81%A9%E9%81%8B%E5%8B%95#.E5.BD.B1.E9.9F.BF.E4.BA.8C.E5.8D.81.E4.B8.96.E9.9D.88.E6.81.A9.E9.81.8B.E5.8B.95.E7.9A.84.E7.A5.9E.E5.AD.B8.E6.80.9D.E6.83.B3，瀏覽於 2014 年 9 月 17 日。
3. 「四重福音」為：基督乃拯救之主、我們成聖之主、醫治之主、再來之主。
4. 詳參巴刻：《活在聖靈中》，霍玉蓮譯（香港：宣道，1995），頁 188 ～ 194。
5. 參林瑋玲：〈從復活節的靈修經歷轉化〉。參網址：http://literary.llc.org.tw/print.php?aid=217&block=recommand&part=%E7%AF%80%E6%9C%9F%E9%BB%98%E6%83%B3；瀏覽於 2014 年 9 月 16 日。
6. Ralph Del Colle, "Spirit-Christology: Dogmatic Foundations for Pentecostal-Charismatic Spirituality," *Journal of Pentecostal Theology* 3 (October 1993): 94.
7. Russell P. Spittler, "Pentecostal and Charismatic Spirituality," *The New*

International Dictionary of Pentecostal and Charismatic Movements, ed. Stanley M. Burgess, revised and expanded ed. (Grand Rapids, MI: Zondervan, 2002), 1096 ~ 1099.

8. Russell P. Spittler, "Pentecostal and Charismatic Spirituality," 1099.
9. 「五重福音」強調：耶穌是拯救之主、施靈浸之主、醫治之主、成聖之主、快再來之主。
10. Steven J. Land, *Pentecostal Spirituality: A Passion for the Kingdom* (Sheffield: Sheffield Academic Press, 1993), 23.
11. Land, *Pentecostal Spirituality*, 117 ~ 220.
12. Harvey Cox, *Fire From Heaven: The Rise of Pentecostal Spirituality and Reshaping of Religion in the Twenty-first Century* (Massachusetts: Addison-Weslay, 1995), 81 ~ 98.
13. Cox, *Fire From Heaven*, 99 ~ 110.
14. Cox, *Fire From Heaven*, 111 ~ 122.
15. 參彭順強：《二千年靈修神學歷史》(香港：天道，2005)，頁 368 ~ 369。
16. 郭鴻標：《歷代靈修傳統巡禮》(香港：香港基督徒學會，2001)，頁 177 ~ 178。
17. 參 Jack W. Hayford, *Living The Spirit Formed Life* (Ventura: Regal Books, 2001), 23 ~ 40。
18. 參 Hayford, *Living the Spirit-Formed Life*, 42 ~ 56。
19. 參 Hayford, *Living the Spirit-Formed Life*, 57 ~ 68。
20. 參 Hayford, *Living the Spirit-Formed Life*, 71 ~ 83。
21. 參 Hayford, *Living the Spirit-Formed Life*, 85 ~ 94。
22. 參 Hayford, *Living the Spirit-Formed Life*, 97 ~ 114。
23. 參 Hayford, *Living the Spirit-Formed Life*, 117 ~ 131。
24. 參 Hayford, *Living the Spirit-Formed Life*, 133 ~ 149。
25. 參 Hayford, *Living the Spirit-Formed Life*, 151 ~ 169。
26. 參 Hayford, *Living the Spirit-Formed Life*, 171 ~ 190。
27. 參網址：http://www.christianstudy.com/data/hymns/text/c1696.html，瀏覽於 2014 年 11 月 10 日。

9

迎接老年化社會的基督教靈性

張慧玲

一 香港社會人口老化

香港人口老化可從三個反映年齡結構的人口指標得知。第一個指標是六十五歲及以上人口的比例。政府統計處於二〇一三年初出版的《二〇一一年人口普查主題報告：長者》[1]公佈，二〇一一年六十五歲或以上的長者，共有941,312名，佔全港人口的13.3%。其中六十五至六十九歲佔24.9%，七十至七十九歲佔46.3%，八十及以上佔28.8%。預期人口老化的速度，在未來二十年將會加快，六十五歲及以上人口的比例將於二〇四一年達30%，[2] 約為二百六十萬人。到時每三個人中，就有一位是六十五歲以上的長者。

第二個數據是總撫養比率，定義為「十五歲以下」和「六十五歲及以上」人口數目，相對每千名十五至六十五歲人口的比率。政府統計處推算該比率會由二〇一一年的333人，持續上升至二〇二六年的 511 人，及二〇四一年的 645 人。[3]

第三個反映人口老化的趨勢是年齡中位數的上升。預計年齡中位數由二〇一一年的 41.7 歲，上升至二〇二一年的 45.1 歲，二〇三一年進一步上升至 47.7 歲，二〇四一年達 49.9 歲。香港人的壽命因著醫學科技的進步而得以延長，二〇一三年香港女士平均壽命為 86.7 歲，超越首位的日本，成為全球之冠。香港男士平均壽命為 80.5 歲，連續第二年成為全球第一。[4]

我們預備好迎接老年化社會嗎？

1. 老年生活模式

政府人口政策督導委員會於二〇一三年十月二十三日公佈人口政策諮詢文件，[5] 接受市民意見。其中第六章題為「迎接高齡化社會帶來的機遇」，正視人口老化，就其提出三個方向：第一是積極締造樂頤年、友待長者的環境，包括鼓勵長者保持活躍，從事義工式的生產活動；鼓勵長者在友善的環境積極生活、保持健康和獨立、終身學習、擴闊他們的活動範圍。第二個方向是銀髮市場。預期未來長者在健康、教育水平和資訊掌握方面，都會比前人優勝。因為他們有一定的儲備金，因而衍生經濟活動，所謂「銀髮市場」，帶來龐大商機。第三是內地養老，政府要研究支援措施。

文件的重點是視長者為經濟資源，考慮的是其生產力、生活物質條件，主要將他們視為經濟活動的消費羣。另一方面，社會關注老有所養，社福界關注老年貧窮問題，民間組織如「爭取全民退休保障聯席」努力爭取每一位長者皆能過有尊嚴的生活，免於貧窮。政府設立的扶貧委員會委託香港大學社會工作及社會行政學系名譽教授周永新團隊研究全民退休保障，並於二〇一四年八月二十日發表了一份《退休保障的未來發展》研究報告。[6] 該報告建議向六十五歲或以上長者，每人每月發放三千元全民老年金，目的在於提供長者穩定基本收入，使長者在生活和心理上，都較過往踏實。這類保障仍在諮詢和討論中，可見政府逐漸為老年化社會籌謀。

長者的晚年除了要保障物質生活，也要老有所樂，老有所為，還需要一個令他們感歸屬和受尊重的環境。香港社會面對著更大的挑戰，就是要營造這樣的環境讓長者積極樂居。我們的文化土壤是怎樣的？為何長者們未感友待？

2. 老年樂居的障礙

香港長者要有歸屬感和有尊嚴地安住，確實面對多重障礙，社會仍未預備好一個讓老年感自在又愉快生活的環境。

在資本主義的社會模式下，市場導向以金錢量化價值，以生產力界定人口為勞動力。如此結構，長者只能被歸類為勞動力低，成本高的資產。另一方面，從消費角度而言，富裕的長者則被視為消費者，是可圖利的商機。競爭的市場規則，不斷施行淘汰制，長者是被邊緣化和受淘汰的一羣。世俗社會以功能性、實用性，而非關係性界定人的身分，不經意地非人性化地對待人。當長者退出職場和專業領域，就等於失去社會角色和身分，因為關係性的價值是不受重視的。

自戀主義是指人只以個人自利為取向，無法健全地意識和關心私生活之外的現實，缺乏社羣意識。[7] 其他人的生活、團體社會及其相關之事都不受重視。自戀主義若蔓延下去，社會就不會守望相助，難以凝聚，身心衰老的長者只會更孤寂無助。

科技發達衍生的追趕潮流文化，推崇變革和快速，輕看傳統，以「老套」形容過時的事物。「老」代表不合潮流，慢就是阻礙。長者在這種步伐快速的都市文化中生活，舉步維艱，惶恐不安，感被遺忘和拋棄，受歧視而心靈受創。

以上的社會文化對長者的尊重日漸消失，可預見長者很難安居，積極樂享晚年。我們是否期待三十年後，三分之一人在這種城市氛圍中不安地過活？除非文化得以更新，而這需要複雜而漫長的變化，市民要不斷醒覺，更要靈性更新才成。基督教信仰應積極正視老年和死亡的問題，塑造人的靈性，促使人倫互助。基督教會蒙三一上帝呼召成為真誠的社羣，或許我們可以探索前路，成為社會的先鋒和示範。

基督教的靈性蘊含更新文化的養分，我們是否願意承擔和迎接這挑戰？

九十高齡的維真神學院（Regent College）創院院長、退休教授，又是靈修神學學者的侯士庭（James M. Houston，下文簡稱侯氏）和另一位高齡阿拉巴馬大學（The University of Alabama）社會工作學和心理衞生暨老化研究中心副教授，以及老年醫學及安寧緩和照顧部和老年研究中心兼任副教授的帕爾克（Michael Parker，下文簡稱帕氏）合著的《金齡教會的願景》（A Vision for the Aging Church）一書，提出多種關於老人的迷思，並就如何迎向老年化社會作出深入探討，詳細運用跨學科的老人研究，對現代老人的了解作詳盡檢視，並道出接待老年化社會的願景。本文主要參考他們的精闢見解作討論。

二 基督徒長者的靈性

1. 老年的榮耀

雖然聖經承認長者身體上的衰殘，但甚少著墨於其外表，也不負面描述年老，卻較多講及長者的智性、心性和靈性，以及肯定他們對家庭和社羣的價值。長壽被看為值得慶賀，因之代表蒙上帝賜福。正如創世記細緻地記錄蒙上帝揀選的族長的歲數，有活了九百三十年的亞當、九百五十年的挪亞、一百七十五年的亞伯拉罕、一百八十年的以撒、一百一十年的約瑟、一百二十歲的摩西、一百一十年的約書亞。生命是創造主的賞賜，長壽的人是上帝所愛的，受人尊榮。

舊約聖經的律法命令子民尊敬老人，如利未記十九章32節：「在白髮的人面前，你要站起來；也要尊敬老人，又要敬畏你的上帝。我是耶和華。」老人代表上帝的尊榮，當受尊重。聖經中的家庭，年長者是領袖，有權柄管理和有責任守護全家。因為老年是智慧的來源，擁有豐富的道德生活經驗和法則，子女應該學效。老年的生命能將上帝的道顯明，上帝在他們多年的生命中的工作，使其發揮遠大效用，到老年結出公義、仁愛的果子，一如上帝的性情。就如詩篇九十二篇14節所稱頌的老年義人：「他們年老的時候仍要結果子，要滿了汁漿而常發青，好顯明耶和華是正直的。他是我的磐石，在他毫無不義。」

舊約的族長時期、曠野漂流或士師時期，羣眾的領袖都是長老。長老的領導權柄源於個人品格，以及經年累積的相交所建立的認受性。他們以委身和犧牲守護族羣，排難解紛，重建成員間的關係。新約初期教會以家庭教會組成，家庭的長老是屬靈領袖，是牧者。長老的屬靈資源來自歷練，承傳使徒教訓，不為自己積聚名利，乃為信徒的成長竭力，用心和勞力服事，並經歷苦難的救贖。這是彼得對長老的描述：「我這作長老、作基督受苦的見證、同享後來所要顯現之榮耀的，勸你們中間與我同作長老的人……」（彼前五1～5）。保羅在每個宣教的城鎮，委派長老培育基督徒社羣——家庭教會，因為長老的品格在家庭和公眾的密切相交生活中顯露無遺，可以成為典範。因此，長老作監督乃是經過生活歷練，「監督既是上帝的管家，必須無可指責，不任性，不暴躁，不因酒滋事，不打人，不貪無義之財；樂意接待遠人，好善，莊重，公平，聖潔自持」（多一 7～9）。

長者的身體雖步向衰殘，而其智性、心性和靈性卻是成熟和豐富的，是榮耀和尊貴的智者，受上帝重視，備受尊敬。這種對長者的重視，與現今世俗化社會因對外表的迷戀而輕看他們，構成一種強烈的對比。我們應從上帝啟示的光照中辨別真象。長老是敬虔的智者，被賦予教導的權柄，作為守約的典範。正如申命記三十二章 7 節的指示：「你當追想上古之日，思念歷代之年；問你的父親，他必指示你；問你的長老，他必告訴你。」

2. 正面面對死亡

世俗主義拋棄上帝的掌權，否定死亡，否定超越的存在，拒絕超越的關係。人變相否認不能自控的死亡，逃避死亡，要自主一切，極力運用醫學和科技掌握生命，以安樂死成為最後的方法。

可是，我們在基督教的救贖中不用逃避死亡，因為死亡被死而復活的救主除去了。耶穌基督用朽壞的生命交換將來不朽壞的生命。雖然人的確仍要死，但死亡在耶穌的復活下，卻轉換為新的了，開始新的不死的生命。保羅明白基督復活帶來了今生的靈命的死和復活。一個真誠投靠基督的信徒受洗時，舊我死去了，並且經歷復活的新生命。新生命的中心已變成基督自己，從此活著的就是基督（腓一 21），開始一個超越死亡的生命。因基督已住在我們裏面，使我們整個生命漸進地變化和成長，最後主再來時，便可領受復活的身體。正因如此，我們可以坦然面對死亡，甚至帶著期待和慶賀的心情去經歷死亡並將來必復活的生命。

步向死亡的基督徒長者是步向光榮，迎接復活的新身體。因此，老化變得有盼望，長者不用在驚恐下生活。基督賦予死亡一種神聖性，讓人類在必朽中合一，可以光榮赴死。陪伴臨終親友成為一種榮幸，加深情誼，收穫豐富，因藉此能更堅定信仰，分享神聖。

3. 弱者的天國價值

耶穌的復活確實令信徒除去對死亡的害怕。現代人包括基督徒主要不是害怕死亡，而是害怕那漫長的過程：漸增的病痛、依賴、心智衰退，因失去自理能力而失去自我價值和自主。侯氏認為現今的老人面對三大殘障問題：[8] 整體的衰老、憂鬱症、失智症。然而，這些障礙在基督裏，卻可以成為靈性操練的資源。

A. 整體衰老

老人面對身體逐漸衰退，疾病漸多，這些痛苦都是步向死亡的經歷。然而，基督的救贖將天國帶到人間，復活的生命是一羣新人類，就是天國的子民，他們被賦予一個非凡及全新的動力，就是照顧有需要者的動力。而這天國有別於世俗社會的運作，它由弱者、困苦人、小子所組成。天國子民的使命承接主的工作，就是馬太福音記載的耶穌兩大使命：教導天國的福音、醫治百姓各樣的疾病（太四23，九35，十1）。馬太福音二十五章31至46節記載主被殺前最後一個教訓，説明了天國屬於那些曾照顧困苦、孤寡無助的小子的人，這正是天國國王的旨意。那些小子包括臨死前痛苦及完全依賴人照顧的人，就是被主耶穌認同等於祂自己的人。上帝記得每一個曾關懷衰老長者的人，祂會像自己被關懷一樣回報他們，歡迎他們進天國與祂同住。如此看來，整體衰老的痛苦是主關心和重視的，讓愛護這些人的人，能透過服事而貼近上帝。

B. 憂鬱症

基督教的信仰能正面看待憂鬱症。侯氏認為憂鬱症的滋長，由各種複雜因素交織而成，[9] 其中有三個重要的特點：它是一種情緒、它與孤寂相連、它與羣體失去連繫。如果情緒被長期忽略和壓抑，包括罪疚羞恥感多年未被揭露，未被承認和未得赦免，憤怒會隱藏於內心，構成憂鬱。它是強烈的情緒，爆發後，長者就不能再逃避。情緒被擾動能使人正視內心積存多年未治的創傷。長者若得到指引，明白基督無條件的赦罪，以及接納一切情緒，他們會更願意認罪和珍惜赦免的寶貴機會，更真誠地悔罪。憂鬱情緒的釋放，像為被困黑暗多年的老人打開一道門，令親友注視到他們的需要，尋求治療和幫助，因而讓他們有機會走上恩典之路，悔改，蒙釋放，進而踏上光明的新路程。

侯氏認為孤寂在基督教靈修中，可以成為美善的力量。[10] 當它轉化為安靜獨處，人便能在內心為上帝打造一個神聖的內在空間。如此，老年人可培養沉思默想的習慣，接待上帝的本性，名為「以馬內利」，就是「上帝與我們同在」。這是一種隱藏的內心交流，可以深化我們的內在自我，對孤單的人生發同理心，與人羣有更親密的相通。

憂鬱，是以排拒人羣來回應死亡所引致的與世隔絕。這份排拒的感覺，正反映人心最深的渴望，弔詭地，這渴望就是相連於人類。這份渴望源於人被造有上帝的形象。人與創造主之間與生俱來就有關係，人類的生命有永遠的歸宿。只有建立關係，才是憂鬱的出路。憂鬱的老人，其生命的焦點不再放在行動或做事上，而是增進關係，增進與上帝，以及與其他人的關係，與所愛的人深深地連結。患憂鬱症的老人若因此而更渴慕與上帝同在，這病便為他們帶來正面的價值，使他們過真實的生活，甚至能為其他信徒和社會人士帶來正面的影響。

C. 失智症

第三大障礙是失智症，「它有兩種退化，一是指腦部指揮身體功能退化，一是社交狀況的縮減，包括友誼、社交接觸、自我意義等。對基督徒而言，失智症也可能包括失去信心、與上帝疏遠或離開上帝、空洞的禱告生活和其他經驗」。[11] 崇尚科學的文化，將認知和記憶複雜的事情，看成最重要的資產，用專業角色塑造個人的身分，確實加增了對失智老人的威脅。

侯氏認為失智症患者可以成為化了妝的祝福，為社會扭轉文化範式，使社會變得更有人情味，人與人能彼此關懷。失智症患者的生命按上帝的形象受造，其存在有價值，有意義，正正抗衡二十一世紀將人物化的文化。基督教看重失智老人的價值，而他們正在挑戰人類要重新認識記憶。聖經看記憶是上帝的事情，多於是人的能力。創造人類的上帝，會保護和照顧人，帶領我們穿越死蔭的幽谷。上帝創造人的目的，是使人常與祂同在，分享祂的一切美善、一切創造物。上帝無間斷地記念人，即使在人遺忘祂時，祂仍記念挪亞而救他脫險、記念亞伯拉罕、記念以色列在埃及為奴的痛苦。因著祂的記念，祂便施行救贖，也施行審判。人類的記憶會敗壞，忘記上帝，轉而效忠其他對象，但上帝的主動記念，是出於祂慈愛的性情，而不是由於人本身。人的記憶力可能無法維持，但上帝在昨日、今日，直到永遠，都是一樣的，是無間斷地記念人的。

記憶在聖經中的出現，都與心有關。在舊約希伯來聖經中，「心」這字含義豐富，是掌管人生命的內在和外在實體的中心。上帝的記念，遠比擁有極佳的記憶力更深刻、更豐富。基督徒即使有嚴重失智症，喪失心裏的記憶，依然可以在天父永遠的膀臂中安穩。上帝記念我們，即使我們有嚴重的失智症。「如今，失智症的災難嚴重威脅『自主的自我』，但這個自我若對自己毫無真認識，也不認識神，本身其實早已『失智』。我們可以確信：基督信仰不會因為失去認知而被掏空或摧毀。最重要的是這位神記得我們。」[12]

侯氏認為基督徒的記憶不只是理性的思索，它也是「心靈的眼目」。它望向上帝的愛，是一種關係的心靈運作。我們需要藉聖靈的運行，在基督的光照下，才能適當地運用記憶。因此記憶並不只是儲存，以供日後回想，它也是一種內在塑造，令人更真誠地被帶進與三一上帝的關係之內。基督教信仰看記憶是上帝的心靈事件，是上帝的靈與人的靈的互通互傳。

4. 成熟的靈性

靈修是與上帝相愛、相感通。老年化是一個漫長的過程，由六十五歲至過百歲，隨著不同的身心狀態而進行合適的靈修，與上帝保持關係。老年基督徒的靈性有四個特質：悔改、維持張力、沉默安靜、簡單。

A. 悔改

走過人生數十寒暑，經歷過種種人事，夾雜千絲萬縷的糾結或創傷，老人更自知罪惡深重，明白無力自救，需要基督的寬恕。若要解開心結，首要是坦誠認罪，在主面前獲得赦免，才能與過去和好，與自己和好；趁仍在世，仍有機會主動與人修和，安享喜樂的晚年。長者在和好的心情下妥善預備死亡，就可以活得比以前更起勁。

B. 維持張力

長者擁有長年累月累積的生活經驗，包括親身嘗過的成功和失敗，親眼目睹社會各種變遷的得與失。美國方濟會神父，「行動與默觀」中心的主任羅爾（Richard Rohr）神父看挫折和受苦像化了妝的祝福，能磨煉我們，使我們處於一種張力中，體會上帝既內住又超越的張力，塑造一種維持張力的靈性，保持行動與默觀，也保持「兩者皆是」的思考。「屬靈人用安寧調和我們的怒氣；用和平舒緩我們的急迫。二元論者爭吵時，他們展現了一個有選擇，有其他方案的世界。」[13] 活在張力之中生出耐性，使人成熟，結合人性和神聖，活出完整和合一。屬靈長者在生活中融合人性的精神，同時又有聖靈內住。

C. 默觀

老年人因身體的限制，行動漸緩，孤寂增加。「寂寞成為語言，開闊到能包容一切。」[14] 他們會發現寂寞的解藥，居然是孤獨；停留在孤獨中，進入默觀的靈修。六十九歲高齡的德國聖本篤修道院理家神父、靈修導師和心理輔導員古倫（Anselm Grün）認為這是長者靈修的沉默之路。[15] 他們在生命與死亡的奧祕前沉靜下來，深思過去和現在的一切，帶著回憶活在當下，以生命歷程中豐碩的成果，來充實目前的時刻。沉默是深入自己的內心深處，挖掘財富，回味上帝過去的臨在，引發崇敬之心。屬靈的老人逐漸走入自己的內心，與上帝會面，長時間靜默。

D. 簡單的靈修

老年人在放手中操練信靠，面對自身的衰殘，不斷放下所擁有的一切：放下財產、放下健康、放下人際關係、放下性愛、放下權力、放下自我，把自己交在上帝的手中。在順服和信靠中降服於上帝，在基督裏承受苦難，淨化慾望，將之轉為「願祢的旨意成就」。這樣滋長謙卑與柔和的生命，將獲得真自由。古倫神父親身體會到老年人的禱告會愈來愈簡潔，他們就是單純地在上帝面前，與上帝同在。靈修的方法不再重要了，重要的只是「個人的存在」。禱告的本質在於跟上帝說：「是」，承認上帝是那不可探究的奧祕。我們仍會自我建構關於上帝的面貌，但我們最後要放下自己建立的上帝的形象。「我們不能再把上帝據為己用。我們所建立的上帝形象已經消失了，有一天，那位寬廣、無邊無際、不可言喻的上帝會突然在我們心中出現，我們會完全順服在祂裏面。」[16] 屬靈長者在靜默中，單單等候上帝就足夠了。

總結而言，屬靈長者能透視現實，清心見上帝。他們經歷過無數的逆境，在無數的掙扎中經驗解救後，會以感恩的眼光看存活，擴展對現實的看法，從全新且生氣盎然的角度，看見主是人一生的真正所依。基督徒長者可以作生命導師，陪伴年紀較輕的人。我們做好準備關顧這羣生命導師，讓這批生命訓練場的老手，成為愛心關懷和內心慷慨的典範嗎？我們能否讓他們凝聚會眾成為相親相愛、喜樂洋溢、祥和合一的羣體？

三 教會迎接老年化的靈性

1. 照顧者的靈性

困苦人、弱者、孤寡、病患、體弱的老人、失憶的、中風癱瘓的老人等在人眼中看為小的人，耶穌將他們等同於自己，與他們認同（太二十五 31～46）。我們細心照顧他們，就是照顧耶穌，這就是基督徒的靈命，如此行，必會被上帝接納進入天國。正如雅各書的教導，看顧在患難中的孤、寡、老、弱，就是在上帝我們的父面前「清潔沒有玷污的虔誠」。

看顧自己家裏的老人，是信徒的本分，因耶穌自己臨終前也照顧母親，委託了祂所信任的愛徒照顧她。祂在完成救贖人類的大功時，仍不忘人實在的需要。祂以身作則，成為我們的榜樣。看顧老人，就是照料他們的身心需要，也要關顧他們的健康。即使他們免不了患病和衰老，我們在主裏可以陪伴他們，使他們在主裏從病患中蒙福。我們要盡早與雙親商量老年生活的計劃，了解他們的願望。

相對於靜默禱告的靈修，照顧老年人是一種行動的靈修：藉著服事需要照料的老人，付出時間和體力，鍛煉愛心，以不計回報的心服事，並且要倚靠聖靈超越自己的限制；同時，也從受助的老人身上，體會上帝的形象、上帝的慈愛。關懷老人讓人發現新的生活模式，「存在」本身已有價值，與「擁有」迥然不同。若受助老人經歷嚴重的退化如失智症，照顧者也經歷自己的孤單和寂靜，從而勇敢地接觸自己的內在自我。照顧者奇妙地發現，自己在付出愛時竟更懂得自愛。

2. 更新老年文化

社會普遍以體能條件角度負面地看長者，甚至輕視他們，其中三種迷思是：老人是病人、不能學習、不能承擔重任。因此他們是負累，需要照顧，耗費大量醫療資源。事實卻是，老人患病的數字正在減少。現代的長者可以透過運動及醫藥，使身體更加強壯。帕氏根據老年學研究指出，老年人過著活潑的生活，延後疾病與殘障的比例將逐年增高，而非愈來愈多長者需要仰賴他人照顧。[17]

「一九九四年研究資料顯示六十五歲到七十四歲的人口當中，有 89%表示自己沒有任何殘障的狀況。疾病與功能衰退會被壓縮至死亡前三至五年的短暫時期。六十五歲的女性平均可再活十九年，其中五年時間需要依賴別人照顧；六十五歲的男性平均可再活十五年，其中三年需要照顧。」[18] 可以預見，香港社會在先進醫療的輔助下，長者不等於病人，反而有更多長者身體仍長期壯健，行動自如。

信徒若跟從聖經的教導，尊敬長者，並培育長者成為屬靈的長老，就能營造一種抗衡現代社會輕視長者的文化氛圍，建設一種更看重人的老年化和共融相愛的文化。當社會大眾都尊敬長者，我們的身分界定就不單源於專業，而是建基於生兒育女並有長輩提攜的家庭。這樣，我們就會重新重視關係性，多於功能性。

我們應積極帶著尊重的心態協助長者健康老化。健康老化是指維持健康活力、靈命成熟的生活形態。運動確實可增進健康。侯氏指出老人病學專家認為有四種關鍵元素讓人成功老化：[19]（1）避免疾病及殘障；（2）維持身體和認知功能；（3）積極參與人生；（4）活潑的靈命成長和發展。教會應推廣信徒健康老化，尤其培養他們信靠上帝的心志，而良好的靈性也可促進身心健康。教會可以為老人提供屬靈成長的指導，讓老人投入終身學習，以保持最佳狀態，減少患病，增強自理能力。

健康老化能改變長者的退縮心態，推動長者互助，進一步令他們走出自我，肯定他們自身的力量，使他們向外施予關懷。教會的長者過團契生活，一起快樂地變老，讓不同年齡層的長者，按著自己能力，探望和照顧比自己更軟弱的老人。他們互相陪伴，也會更體貼彼此的需要。如此，則增進了彼此的感情和歡愉，並在施予中領受關愛和滿足。

健康的長者仍希望有所作為，我們可以積極鼓勵長者發展所長。長者的睿智是社會的重要資源。生命的最後階段，是一生當中最看重人性的時光，因為人面對死亡而看清生命與物質的分別，因而重視人情味，可以啟發、引導、培育年輕人。長者因經驗而生的穩重，相對於年輕人的創意和奮進，可以互補不足，提醒後輩防患於未然，減少因衝動而闖禍。若能鼓勵他們樂意無償地擔任義工，傳達愛心，實在能為功利的社會增添人情味。

我們的長者若心靈健壯，發展真誠的人性，在信仰上持續成長，他們的面容自然流露愛、喜樂、平安。他們擁有最真誠美好的品格、節制的個性、不慌不忙、冷靜和藹，能為社會帶來和諧、寧靜的氣氛。成熟的長者多聽少說，給別人更多空間，給青年更多自由和支持。這將會是老年化香港社會的美好願景。

3. 更新牧養方式

A. 長者作生命導師

戰後新生代在較穩定的國際政經環境生活，接受良好的教育，持續學習及有發揮職業專長的機會。因此，當這一代步入老年，他們仍然頭腦靈活、思想敏銳、好學不倦。教會和社會應讓他們參與服事，肯定他們的才幹和能力。長者善於進入深入和真摯的人際關係，擔當生命導師的角色，傳授個人親身的實例。他們以身作則，親身傳授智慧，正好抗衡電子媒體造成資訊爆炸、真假難辨、知識激增所導致的智慧的失落。信仰要言行一致，不僅要在頭腦上認知，更要付諸行動，向世人呈現，如基督降世一樣具體地生活。這種智慧和言行一致的生活，需要示範，而非只是教授抽象的原則。長者的珍貴，在於能以實例示範，鼓勵年輕人處事以智。

這種示範式的教導，需要時間和對獨特性的重視。現代科技社會過分重視非人性化、技術性和理論性的知識，求快求大，花在個人身上的時間似乎愈來愈少。這樣的社會已呈病態。如何扭轉？長者為師或許是一種健康的抗衡力量。老年化社會可能是一個轉機。長者的生活步伐愈悠閒，就愈有時間給予身邊的人，如關注年輕人的需要和問題。年長導師正正表現出對人的恩慈，給予每個人空間，發展其獨特性，活出真我，促使人在多方面成長。

長者的成熟靈命如陳酒佳釀，在信仰上處於成熟期。他們既經歷過上帝的高高在上，又感受到祂的臨在，二者之間千變萬化，因此他們能更深地崇敬上帝。這樣的生命能作年輕信徒的屬靈導師，給予後輩進言、鼓勵和指導。

B. 協助信徒善盡孝道

教會要興起這羣睿智的屬靈導師，先要教導信徒正確看待老年人，不要視他們為負擔，而是尊他們為寶貝，遵守十誡中的孝敬父母，使他們健康地老去。老年人口漸增，此時特別需要多方合作，完善地計劃照顧他們。教會可以嘗試發展一套訓練方案，協助信徒，例如舉辦跨代、跨教會宗派的訓練營。

因著核心家庭本身較少成員，中年承擔的壓力便更大，比以前更為孤立。而照顧老人的實際生活，所面對的挑戰涉及四大重要範疇：醫療與法律、保險與經濟、家庭與社交、靈命與情緒。若所愛的人罹患老人失智症，就更需要以成熟的生命和品格面對，不單承擔照顧的重任，更要面對患者本身的激動情緒。照顧者因之而出現的負面反應，容易引致身體、心理、社羣、靈性的危機。照顧者自身要有支援和內在品格，才能耐心地給予患者安慰和接納，接受被依附，能以同理心親密地了解病人。照顧者需要屬靈羣體的承托。這種靈性的支援，從何而得？基督徒羣體預備好迎接這新挑戰嗎？

照顧患失智症、憂鬱症等重病老人的家人獨力難支，極需要支援。教會對於這些會友，按著會眾的能力，可以組織適切的支援小組，給予照顧者物質上、時間上、情緒和心靈的輔助。我們不是專業人員，也未必能全面支持，出發點在於發揮在基督裏互為肢體的情誼。奇妙的道理是：軟弱的人反而造就出真正關愛的羣體，成員在親自付出、捨己助人中，才真正感受到歸屬於教會。艱難中同行得到的喜樂，反而更深刻、更滿足。

C. 跨代關係

三十年後，香港每三個人中，就有一位長者。現在教會的聚會設計，是否也需要有範式轉移？香港很多教會為著追求事工效能，人手分工精密，或為擴大會眾羣，傾向功能化地分齡牧養，這趨向令會眾的關係難以擴展至不同年代的人。錯失了老年靈性的良好傳承和信徒互助，亦有違教會屬靈羣體的特質。相反，發展跨代關係更有利迎接老年化社會。教會要造就跨代關係相連結，可以加增跨代相處的機會，抗衡核心家庭引致的疏離，從而壯大屬靈家庭，讓這大家庭分擔對老人的照顧，也讓年輕一輩有榜樣可學效。有前輩的支持，有助不同年歲會友的身心靈成長。

教會可以按自身的條件，用不同方式促進跨代關係，例如跨代的家庭查經小組、照顧者支持小組、失智老人支援小組、跨代生命回顧小組、服務團隊。無論如何，我們可以發揮創意，探索新的方式，連結跨代信徒，推動行動和關懷的靈修生活，活出基督信仰羣體的美好。

D. 跨界別合作

香港社會面對人口老化，年老長者羣的需要龐大，要社會各領域的人才合力才能應對。香港這先進城市，可以運用二十一世紀的資訊和科技裝備各家庭。教會也是社會的一分子，必然參與其中，而牧養年長會友也不能獨力應付，必須與社區團體建立伙伴關係，以滿足老人的需要。這是一個新挑戰，將要改變教會，使之由小圈子文化進入社區，與不同界別的人士合作。這是一個新機遇，讓基督教的靈性更新老年，結連市民，建設更重視人情的社會。我們的主不斷呼喚我們：「我實在告訴你們，這些事你們既做在我這弟兄中一個最小的身上，就是做在我身上了」（太二十五 40）。

註釋：

1. 參網址：http://www.censtatd.gov.hk/press_release/pressReleaseDetail.jsp?pressRID=3349&charsetID=2；瀏覽於 2014 年 11 月 3 日。
2. 參政府關於《香港人口推算 2012～2041》新聞稿；參網址：http://www.info.gov.hk/gia/general/201207/31/P201207310339.htm；瀏覽於 2014 年 11 月 3 日。
3. 參政府關於《香港人口推算 2012～2041》新聞稿；參網址：http://www.info.gov.hk/gia/general/201207/31/P201207310339.htm；瀏覽於 2014 年 11 月 3 日。
4. 日本厚生勞動省於 2014 年 11 月 18 日公佈統計數字，刊載於網址：http://www.metrohk.com.hk/?cmd=detail&id=191500；瀏覽於 2014 年 11 月 19 日。
5. 《人口政策諮詢文件》第六章「迎接高齡化社會帶來的機遇」登載於網址：http://www.hkpopulation.gov.hk/public_engagement/tc/doc.html；瀏覽於 2014 年 11 月 7 日。
6. 登載於香港特別行政區政府中央政策組的網址：http://www.cpu.gov.hk/doc/en/research_reports/Future_Development_of_Retirement_Protection_in_HK_main_report.pdf；瀏覽於 2014 年 11 月 7 日。
7. 榮．羅海瑟：《四碎之燈——重新發現天主的臨在》，陳芝音譯（台北：光啟文化，2010），頁 24。
8. 侯士庭、帕爾克：《金齡教會的願景》，劉思潔譯（台北：雅歌；香港：香港教會更新運動，2013），頁 170。
9. 侯士庭等：《金齡教會的願景》，頁 179。
10. 侯士庭等：《金齡教會的願景》，頁 182。
11. 侯士庭等：《金齡教會的願景》，頁 188。
12. 侯士庭等：《金齡教會的願景》，頁 203。
13. 理查．羅爾：《踏上生命的第二旅程》，王淑玫譯（台北：啟示，2012），頁 236。
14. 理查．羅爾：《踏上生命的第二旅程》，頁 239。
15. 古倫：《擁抱老年心生活》，吳信如譯（台北：南與北，2012），頁 166～179。
16. 古倫：《擁抱老年心生活》，頁 192。
17. 侯士庭等：《金齡教會的願景》，頁 118～120。
18. 侯士庭等：《金齡教會的願景》，頁 157。
19. 侯士庭等：《金齡教會的願景》，頁 126。

編者跋

趙崇明

在悠長的教會歷史裏，不同的靈修傳統對「出世或入世」，顯然抱持不同的態度。有些明顯存在聖俗二分的傾向，主張信仰是神聖和屬靈的事，必須從屬肉體和世俗的罪惡世界撤離出來，認為過著避世隱居的修道生活，才是真正的「分別為聖」。當然有些靈修傳統則對俗世生活持肯定及積極的態度，主張真正的屬靈操練，反而需要透過投入日常生活和參與社會關懷，方能實現。

相信沒有人會反對，我們身處的，不是純潔無瑕的人間樂土或天堂，而是一個混亂失序、善惡交織、充滿矛盾衝突的苦罪世界。甚至不少人承認，現實世界和生命一團糟，社會充滿暴力和不公義的事情，活在其中，愈來愈令人感到疲憊、失望和困惑。然而，道成肉身，住在我們中間的耶穌，卻從沒有叫我們逃離這個令人失望困惑的現實世界，只躲在教會圍牆之內「分別為聖」，不食人間煙火地讀經祈禱，獨善其身地等候主再來引領上天堂。相反，耶穌呼召門徒，教導「山上寶訓」（被視為天國的社會及政治倫理，參太五至七章），要求他們在這個暴力和不公義的世界裏，「行公義、好憐憫、作鹽作光」。當然，在學習和踐行「山上寶訓」這國度倫理之前，耶穌先談「八福」，「八福」乃是屬靈生命的八種「德性」。由此可見，靈修（靈性）與社會關懷乃唇齒相依，缺一不可。

事實上，屬靈生命正是在一團糟的現實世界中，經歷生命的危機與掙扎、困惑與失望；屬靈生命正是在信仰的冒險旅程中，藉著上帝所賜的信心與盼望，在跟隨主的腳蹤、與主同行的路上鍛煉出來的。靈性生命的成長，既是對肉身和世界説「是」，同時也是對肉身和世界説「不」的弔詭過程。因此，屬靈與入世既不應二分，也不宜同一，而是弔詭地連繫在一起，既屬靈又入世，即我們經常提到的「在世而不屬世」。因此，屬靈操練不是別的，而是要體悟當生命仍在此俗世人間時，如何活出那種「出入自如」的弔詭性。

當香港已進入「後佔領運動」的年代，教會如何塑造信徒具備「行公義、好憐憫」的屬靈德性？如何在社會裏踐行上帝國度的倫理？這，相信是我們面前最大的挑戰。盼望透過本書，與所有關心香港社會的信徒，一同思考和尋索前路。

二○一五年二月一日

作者介紹

（按照文章次序排列）

鄧瑞強

香港神學院神學及歷史科專任講師

趙崇明

香港神學院神學及歷史科專任講師

蔡式平

香港神學院聖經科專任講師

褚永華

香港神學院院長、聖經科專任講師

梁俊豪

香港神學院聖經科專任講師

張祥志

香港神學院聖經科專任講師

蘇遠泰

香港神學院神學及歷史科專任講師

張天和
香港神學院實用神學科專任講師

張慧玲
香港神學院聖經科及實用神學科專任講師